Tobias Breuckmann

Leben und Identitäten in Nicht-Orten

Tobias Breuckmann

Leben und Identitäten in Nicht-Orten

Eine empirische Untersuchung von raumbezogenen Identitäten in Transiträumen

Tectum Verlag

Tobias Breuckmann

Leben und Identitäten in Nicht-Orten. Eine empirische Untersuchung von raumbezogenen Identitäten in Transiträumen

ISBN: 978-3-8288-4029-4
E-Book: 978-3-8288-6778-9

Umschlagabbildung: © Tobias Breuckmann
Druck und Bindung: Docupoint, Barleben
Printed in Germany

Besuchen Sie uns im Internet
www.tectum-verlag.de

Bibliografische Informationen der Deutschen Nationalbibliothek
Die Deutsche Nationalbibliothek verzeichnet diese Publikation in der Deutschen Nationalbibliografie; detaillierte bibliografische Angaben sind im Internet über http://dnb.d-nb.de abrufbar.

Inhaltsverzeichnis

1 Einleitung

Seit den Unruhen im Mittleren Osten und dem Aufstieg des Islamischen Staates suchen immer mehr Menschen, vor allem aus Syrien und dem Irak, den Weg nach Europa (European Council on Refugees and Exiles, 2015: 10). Als die deutsche Bundesregierung sich im Jahr 2015 – als die Unzulänglichkeiten des gemeinsam angestrebten europäischen Asylsystems offensichtlich wurden (Trauner, 2016: 312) – bereit erklärte, vermehrt Geflüchtete aufzunehmen, wurden viele neue, oft provisorische Unterkünfte für Geflüchtete eingerichtet, die als Durchgangsstationen dienen sollten und als Sammelunterkünfte bezeichnet werden (Bogumil et al., 2016: 128). Die Praxis der Unterbringung von Geflüchteten in Sammelunterkünften existiert schon seit den 1980er-Jahren in Deutschland (Schäfer, 2015: 7), gewinnt jedoch durch den neu aufkommenden Diskurs um die sogenannte *Flüchtlingskrise* und die oben erwähnten Errichtungen von Sammelunterkünften an steigender Relevanz. Doch wie wirken sich solche grundlegenden Veränderungen der Flucht und der gesammelten Unterbringung von Menschen unterschiedlichster Prägungen und Selbstbilder auf die Identität von Geflüchteten aus? Einen Teil der Erklärung bietet diese Arbeit, die sich auf den Raum als unter anderem identitätsstiftende Komponente bezieht und vor allem durch die aktuelle Entwicklung der vermehrten Unterbringung von Geflüchteten in Sammelunterkünften an Relevanz gewinnt. Dieser Umstand macht ein genaueres Verständnis des Lebens in Unterkünften und deren Folgen für das menschliche Zusammenleben, sowohl innerhalb der Unterkunft als auch in gesamtgesellschaftliche Dynamiken eingebettet, unabdingbar. Eine Raumtheorie, die sich auf die Verknüpfung von Raum und Identität bezieht, bietet jene der *Erinnerungsorte*. Mit dem Satz „what we remember is what we are" heben McDowell und Braniff (2014) die Quintessenz dieses theoretischen Komplexes hervor, bei dem davon ausgegangen wird, dass individuelle und kollektive Narrative zur Sinnherstellung in der Gegenwart herangezogen und dementsprechend Positionierungsleistungen vorgenommen werden, die sich unter der Herstellung von Identität subsumieren lassen. Dies lässt sich durch jeweilige Bedeutungszuschreibung an Räume sowie deren körperliche Erfahrbarkeit und damit ihre materielle Manifestation unterstützen und somit einen Anschein unabänderlicher sozialer Tatsachen konstruieren. Darauf aufbauend entwickelte Marc Augé seine ethnografische Theorie der *Nicht-Orte*, die sich mit dem Komplex der Identität in sogenannten Transit-Räumen und seiner Meinung nach geschichtslosen Orten auseinandersetzt. Wie sich schon im Verweis auf diese Geschichtslosigkeit in Hinblick auf die Theorie der Erinnerungsorte suggerieren lässt, sind diese Nicht-Orte ebenfalls Raumeinheiten, an denen sich kein Narrativ und damit auch keine dauerhafte ortsbezogene Identität manifestiert. Diese angebliche Identitätslosigkeit gilt es in den Fokus der vorliegenden Arbeit zu rücken und durch die Perspektive von Personen zu erweitern, die sich infolge der beschriebenen Verwaltungsprobleme und der Asylpraxis Deutschlands für längere Zeit in solchen als Nicht-Orte konzeptualisierten Raumeinheiten aufhalten und einrichten müssen (Bogumil et al., 2016: 133).

Um sich der Fragestellung des Lebens in deutschen Sammelunterkünften für Geflüchtete widmen zu können, wird die vorliegende Arbeit auf ein adäquates theoretisches Fundament gestellt. Dabei wird zuallererst auf verschiedene Konzeptionen und Ebenen der Identität eingegangen, die relevant für das jeweilige Selbstbild der Menschen und den jeweiligen Handlungs- und Interpretationsrahmen der erlebten Realität zugrunde liegen. Schon in diesem Teil wird auf die Erinnerung beziehungsweise die Geschichtlichkeit von Identität verwiesen, die als Grundmotiv beziehungsweise Interpretationsrahmen der Arbeit dienen soll. Dabei wird Geschichtlichkeit ebenfalls auf verschiedenen Maßstäben konzeptualisiert, die, so wie individuelle und kollektive Identität, als Resultat gesellschaftlicher Diskurse verstanden werden kann und demnach vor allem in gemeinsamer Kommunikation hergestellt und verteidigt wird. Darauf folgend findet die Verbindung zur Verräumlichung von Identität statt, die sich ebenfalls in der vorgestellten Theorie auf bestimmte Narrative stützt, jedoch um aktuelle sozialgeografische Konzepte erweitert wird. Um sich nun der Fragestellung mit Fokus auf Sammelunterkünfte zu nähern, wird die Theorie der Nicht-Orte herangezogen, die zum Ende des theoretischen Teils dieser

Arbeit erläutert wird. Zusätzlich werden die jeweiligen Lücken dieses Konzeptes aufgezeigt, zu deren Schließung die folgende Arbeit beiträgt. Dazu werden infolge des Theorieteils die Fragestellungen auf Grundlage dieser Forschungslücken generiert. Zur empirischen Untermauerung werden Interviews mit dem Ziel geführt, die in die Erzählung eingebetteten Identitätspositionierungen aufzudecken. Die Konzipierung der Empirie, welche die Erhebung und die Analyse beinhaltet, wird im Methodikteil weiter ausgeführt, bevor auf die erhobenen Ergebnisse und deren Interpretation und Verknüpfung zur Theorie eingegangen wird. Im Anschluss folgt eine Methodenreflexion, die noch einmal die Bedingungen kritisch hinterfragt, unter denen die jeweiligen Daten entstanden sind und analysiert wurden, bevor die Arbeit mit einem Fazit abgeschlossen wird, in dem die dargelegten Ergebnisse vor dem ausgearbeiteten theoretischen Hintergrund sowie der Fragestellung kritisch reflektiert werden.

2 Konzepte von Identität und Raum

Traditionelle Konzepte von Identität gehen von einer stabilen Selbstzuschreibung eines bestimmten Standes und bestimmter Eigenschaften aus, die sich über das Leben hinweg konstant halten. Es wird also von einer im Verlauf der Kindheit festgelegten, unveränderlichen und passiv angenommenen Identität gesprochen (Renn, 2010: 205). Diese Konzepte entsprechen jedoch nicht mehr dem aktuellen Diskurs in den Sozial- und Kulturwissenschaften, die sich hin zu einer Konzeptualisierung von Identität als einer dynamischen Erscheinung entwickelten. Durch ständige soziale Veränderungen und persönliche Erfahrungen ist die Identität nunmehr in einen aktiven und reflexiven Prozess eingebunden, indem sich das Subjekt[1] seine Identität selbst konstituiert beziehungsweise aus einem Angebot an Identitäten wählen kann (Renn, 2010: 205). Das Individuum wird als in der Lage dazu betrachtet, seine Lebenslage durch individuelle Leistungen zu verändern, kann sich demnach auch aktiv Identitätsangebote aneignen und zwischen ihnen changieren (Renn, 2010: 206).

Die folgenden Abschnitte schließen an dieses Konzept einer angeeigneten und integrierten Identität an, die sich im Laufe des Lebens entwickelt und durch die jeweiligen Konstruktionsleistungen des Individuums zu einem stets dynamischen und veränderlichen Gesamtbild zusammengefügt wird. Dabei spielt vor allem die gesellschaftliche Situiertheit des Menschen eine große Rolle für dessen individuelle Identitätsaneignung, die nicht zu trennen ist von kollektiven Zuschreibungen des Subjekts. Der Raum, dessen reziprokes Verhältnis zur Identität von Individuen und Kollektiven einen weiteren Fokus des vorliegenden Kapitels bildet, spielt bei der Herstellung und vor allem der körperlich wahrnehmbaren Verankerung und Unterstützung von Identität

1 Der Begriff des Subjekts bezieht sich in der vorliegenden Arbeit auf das Individuum sowohl als Produkt als auch Reprodukteur seiner sozialen und materiellen Umwelt (vgl. Foucault, 2005 b).

eine elementare Rolle. Dies kann sich jedoch durch Mobilitäts-, Migrations- und Fluchterfahrungen ändern und deutlich dynamischere Formen annehmen, welche die Konstruktion von raumgebundenen Bedeutungen in einem neuen Licht erscheinen lässt. Dieser Themenkomplex bildet den Abschluss des Kapitels, der ebenfalls auf die Konzeption von Nicht-Orten als identitätsarme oder sogar identitätslose Orte verweist und damit die abschließende Grundlage der vorliegenden empirischen Arbeit bildet.

2.1 Identität

Grundlegende Identitätstheorien, welche den Einfluss der Gesellschaft auf das Subjekt ebenfalls in den Blick nehmen, gehen oft auf den Sozialpsychologen Erikson (1976) zurück. In Rückgriff darauf wird die Entwicklung von Identität als lebenslanger Prozess und damit in die individuelle Biografie eingebettet konzeptualisiert (Noack, 2010: 37). Die Entwicklung des Menschen resultiert demnach aus der Ansammlung von Erfahrungen. Dessen individuelle Leistung besteht in der Integration dieser Erfahrungen in das bestehende Selbstbild, welches prinzipiell nicht losgelöst von dessen Erfahrungen und deshalb als in der jeweiligen Erinnerung und Biografie verankert zu verstehen ist (Noack, 2010: 38). Erikson (1976) führte dafür den Begriff der *Ich-Identität* ein, der ein Gefühl von innerer Kohärenz durch die Integration gemachter Erfahrungen suggeriert:

> „Das Gefühl der Ich-Identität ist also das angesammelte Vertrauen darauf, daß [sic!] der Einheitlichkeit und Kontinuität, die man in den Augen anderer hat, eine Fähigkeit entspricht, eine innere Einheitlichkeit und Kontinuität (also das Ich im Sinne der Psychologie) aufrechtzuerhalten."
>
> (ebd.: 107)

Das Subjekt kann demzufolge als Ergebnis von Erinnerungen im weitesten Sinne, in erster Linie unterbewusster Erinnerungen in Form von Alltagserfahrungen und Lebensrealitäten betrachtet werden (Jones, 2011: 875). Durch die Erfahrungen und deren Integration in das bestehende Selbstbild ist das Subjekt abhängig von gesellschaftlichen Umwelteinflüssen und demnach von gesellschaftlich historischen Bedingungen und Diskursen (Noack, 2010: 41). Das soziale Umfeld und die

„geschichtliche Periode" (Erikson, 1976: 22) bieten dem Subjekt eine beschränkte Anzahl an Identitätsangeboten, die es annehmen und sich damit identifizieren kann. Die Identität greift also auf bestimmte Paradigmen und Diskurse innerhalb der Gesellschaft zurück, um sich auszuformen (ebd.). Erikson (1976) schreibt dabei der Erziehung als Umwelteinfluss eine entscheidende Kompetenz zu, lässt jedoch die gesamtgesellschaftlichen Einflüsse in Form von Sozialisation nicht außen vor. Die Erziehung spiegelt nicht nur die Werte und Normen der Eltern wider, sondern ebenfalls die der sie umgebenden Gesellschaft, in die sie stets eingebettet sind und von der sie in hohem Maße beeinflusst werden (ebd.: 14). Dieser Argumentation folgend ist das Subjekt von Beginn seines Lebens an der jeweiligen Gruppenidentität ausgesetzt und übernimmt notwendig Handlungs- und Interpretationsweisen gegenüber der Umwelt des sozialen Umfelds (Erikson, 1976: 17). Den jeweiligen Entwicklungsschritten des Kindes werden gesellschaftlich verschiedene Bedeutungen beigemessen und sie werden unterschiedlich bewertet. Durch Zuspruch oder Ablehnung nehmen diese Erfahrungen und Entwicklungsstufen einen bestimmten Platz in der Biografie und damit der Identität des Menschen ein. Erikson (1976) beschreibt dies am Beispiel des Laufenlernens, das neben dem erweiterten Handlungsradius auch einen neuen Status des „Aufrechtgehens" mit sich bringt, welches meist von der sozialen Umwelt Zuspruch findet und demnach einen Platz im positiven Selbstbild des Kindes einnimmt. Die Identität stützt sich somit auf das Erreichen eines bestimmten Status innerhalb der kollektiven Wertegemeinschaft (ebd.: 17).

Identität kann auf Grundlage der diskursiv gebundenen und gesellschaftlich beschränkten Identitätsangebote nicht nur als die Anhäufung und Integration von Erfahrung, sondern ebenfalls als De- und Rekonstruktion des Selbstbildes durch Erfahrung und daraus resultierenden Identitätskrisen gesehen werden, die im Abgleich mit eben jenen Identitätsangeboten stattfinden (Silkenbeumer und Wernet, 2010: 176). Die Biografie und die gefühlte Aufschichtung von Erfahrung beschreibt eher den Prozess der Syntheseleistung zur Herstellung von Kohärenz und Sinn zwischen Erfahrung und den gemeinschaftlich angebotenen Komponenten der Selbstzuschreibung und daraus resultierenden Identität. Auch Erikson (1976) greift schon die verschiedenen

Identitätsangebote auf, die dem Subjekt geboten werden und ineinander zu einem Selbstbild integriert werden (ebd.: 138), detailliertere Ausführungen gehen zurück auf Mead (1973), der sich dabei auf Erikson bezieht. Diese Integrationsleistung und deren gesellschaftliche Bedingtheit stehen im Fokus des folgenden Abschnittes.

2.1.1 Individuelle Identität als Schnittstelle zur Gesellschaft

Bei näherer Fokussierung auf die subjektive Identität als gesellschaftlich bedingte Erscheinung kann diese als die Selbstwahrnehmung im Spannungsverhältnis zwischen Fremd- und Selbstzuschreibungen und der Adaption beziehungsweise Reproduktion bestimmter daran geknüpfter Diskurse verstanden werden und dient als Selbstverortung innerhalb eines übergeordneten, gemeinschaftlich konstruierten Sinngefüges (Gillis, 1994: 5; Golova, 2011: 25).

Seit der Konjunktur des Poststrukturalismus wird Identität vor allem als Diskurs betrachtet, der im sozialen Kontext ausgehandelt und (re-)konstruiert wird (Bamberg et al., 2011: 178). Die Identität des Subjekts steht deshalb nicht im luftleeren Raum, sondern ist das Resultat gesellschaftlicher Erfahrungen und gemeinsam geteilter Diskurse und Narrative:

> „It is a common failing, for instance, to imply that informants' voices ‚speak for themselves', or that personal, biographical materials provide privileged means of access to informants' personal experiences, or their sources of self-identity."
>
> (Atkinson und Delamont, 2006: 166)

Diskurse sind in diesem Kontext interaktionale Deutungs- und Symbolrahmen, die in der Kommunikation ausgehandelt werden und deren Fragmente zu einem Gesamtbild eines Interpretationsrahmens der Realität zusammengesetzt werden (Bamberg et al., 2011: 180; Lucius-Hoene, 2010: 152). Demzufolge ist Sprache nie ausschließlich semantisch zu analysieren, sondern es wird stets ein Kontext und eine Absicht mitgelesen (Bamberg et al., 2011: 183). Die Positionierung des Selbst gegenüber anderen kann dieser Logik folgend als ein performativer Akt verstanden werden, in dem Identität durch den Prozess des Erzählens und *Sich-Gebens* erst konstruiert und in jeder kommunikativen Situation neu hergestellt und gefestigt wird, sowohl in sprachlicher als auch symbolischer Art und Weise (vgl. Butler, 2007). Es handelt sich hier demnach nicht um eine einmalige Aushandlung von geteilten Selbstbildern, sondern um deren stetige Produktion und Reproduktion im alltagspraktischen Handlungsrahmen. Dabei sollten Zwänge nicht außer Acht gelassen werden, die ohne Positionierungsleistung des Subjekts soziale Tatsachen schaffen können und demnach das Identitätsangebot in vielen Fällen begrenzt (Atkinson und Delamont, 2006: 167; Bamberg et al., 2011: 185). Die verbale Narration, welche im jeweiligen Fokus der Theorie steht, fungiert lediglich als eine unter vielen sprachlichen Praktiken, unter denen Identität hergestellt wird. Das Erzählen jedoch legt zeitliche Brüche und Wendungen offen, die zur Herstellung von Sinn und Kohärenz gebraucht werden (Lucius-Hoene, 2010: 153).

In ihrem Habitus nutzen die Subjekte verschiedene mehr oder weniger abgrenzbare Diskurse, die abhängig sind von bestimmten Kategorien wie Klasse, Gender oder Alter und sie meist auch in diesem Rahmen und diesen Kategorien erkennbar machen. Diese Diskurse zu nutzen, ist demnach eine Praktik, um seine eigene Identität zu festigen und sie auch nach außen hin sichtbar zu machen, jedoch werden sie vor allem unterbewusst genutzt, durch die Assimilation der Diskurse in der jeweiligen sozialen Gruppe (Bamberg et al., 2011: 182). Identität ist demzufolge nicht nur davon abhängig, wie sich die Person selbst sieht, sondern auch, wie sie ihre Identität gegenüber anderen rechtfertigt, und vor allem, ob das Identitätsangebot, was von der Person erarbeitet wird, vom Gegenüber gesehen und akzeptiert wird. Die Identitätskonstitution ist also elementar abhängig von ihrer Verhandlung mit anderen (Lucius-Hoene, 2010: 155). Je nach Situation positioniert sich das Subjekt innerhalb des Handlungsrahmens und verteidigt beziehungsweise erzeugt verschiedene Identitäten sowie Gruppenzuschreibungen, die durch die jeweiligen Diskurse voneinander abgegrenzt werden. Es kann demnach prinzipiell nicht von einer statischen und kohärenten Identität gesprochen werden, sondern von einer situativen, innerhalb derer sich die Person nach außen hin präsentiert, diese jedoch auch nach innen verteidigt (Lucius-Hoene, 2010: 154; Pott, 2007: 28). Identität und Kultur können somit nicht als einheitlich und kohärent bezeichnet werden und widersprechen einem essenzialistischem Verständnis eben jener Begriffe. Sie bezeichnen vielmehr ebenfalls individuelle Aushandlungsprozesse durch die Konfrontationen unterschiedlicher kultureller Komponenten und deren mutualer Beeinflussungen (Porsché, 2008: 9). Identitäten sind demzufolge selten klar abgegrenzt und können jeweils Hybride mit anderen Identitätskonzeptionen bilden (Porsché, 2008: 7).

Ausgehend von der Konzeption der Identität als stetige Performanzleistung des Subjekts wird Identität zum einen als reines Produkt der Diskurse und der gesellschaftlichen Tendenzen gedacht, unter dem das Subjekt minimale Einflüsse auf die vorherrschenden Diskurse besitzt und die meisten Erscheinungen als Wahrheiten annimmt und lediglich aufgreift (Bamberg et al., 2011: 181; Renn, 2010: 208). Auf der anderen Seite können die Diskurse jedoch genauso durch die jeweiligen Akteure beeinflusst werden, die zwar in ihrem diskursiven Rahmen verortet sind, jedoch trotzdem die Wahl haben, wie und wann sie sich positionieren und somit einen gewissen Einfluss auf Diskurse sowie ihre Entwicklung und Darstellung der eigenen Identität durch den Prozess der Kommunikation haben (Bamberg et al., 2011: 182). Identitätsbezogene Diskurse werden also vom Subjekt mitgetragen, welches sich selber innerhalb dieser jeweiligen Deutungsrahmen verortet und dies durch deren Adaption nach außen kommuniziert. Der Soziologe Anthony Giddens beschreibt diese Wechselwirkung zwischen Individuum und Gesellschaft als Struktur, die als Handlungsressource verstanden werden kann und diese vorprägt, jedoch von eben jenen Handlungen mitgeprägt wird. Meist werden die Strukturen als Handlungsorientierungen genommen, bis ein Handlungsbedarf zu ihrer Veränderung gesehen wird. Bezogen auf den letzten Punkt geht Giddens also davon aus, dass der Mensch ein prinzipiell reflexionsfähiges Wesen ist, welches Strukturen durchschauen und verändern kann (Renn, 2010: 210). Durch die Selbstreflexivität in Wechselwirkungen mit den gesellschaftlichen Strukturen kann das Subjekt seinen eigenen Lebensentwurf konstruieren und bestimmen und auf die innere und äußere Identität der Faktoren hinarbeiten. Identität kann demnach sogar selbst entworfen und nicht nur selbst gewählt sein (Renn, 2010: 213). Das Überangebot an wählbaren und entwerfbaren Lebenswegen in der Moderne kann jedoch auch zu Überforderung und damit zu einer selbst gewählten Vereinfachung und Einschränkung der Freiheit führen, indem man aus Angeboten vorgegebener Identitäten wählt und an ihnen festhält, um soziale und psychische Stabilität zu erfahren (Renn, 2010: 214).

Die Bedingungen von Identität werden mit zunehmender Komplexität und dem Verschwimmen von klaren Grenzen ebenfalls komplexer und können zu multiplen, teilweise konkurrierenden Identitäten führen, die sich ein Subjekt je nach Situation aneignet und innerhalb derer es sich bewusst oder unbewusst positioniert (Göktuna Yaylaci, 2015: 232). Trotzdem kann Identität als das Gefühl des Sich-Gleich-Seins verstanden werden, welches hier eher den äußeren Rahmen bildet und innerhalb dessen die Person sich bewegen und verschiedene Identitäten in das eigene Gesamtbild integrieren kann (Silkenbeumer und Wernet, 2010: 174).

Persönliche Erfahrungen und deren Integration in das eigene Selbstbild allein ist nicht ausreichend, um individuelle Identität zu erzeugen beziehungsweise zu erklären, da sich nur an ein Bruchteil der persönlich gemachten Erfahrungen bewusst erinnert werden kann. Identität ist demnach nicht lediglich ein Produkt von Erinnerungen, sondern resultiert aus Imaginationen und persönlichen und gesellschaftlichen Konstruktionen, die sich nur zum Teil aus wirklichen Erinnerungen speisen (Barash, 2011: 251).

Erinnerung als identitätskonstitutive und soziale Komponente individuellen Erinnerns

Hervorgebrachte Erinnerungen, die als elementar für das eigene Selbstbild und die Integration von jeweils gemachten Erfahrungen in eben jenes gesehen werden können, fügen sich auch stets neuronal in den Kontext vorausgegangener Erfahrungen ein und sind nicht unabhängig von individueller und kollektiver Erfahrung zu verstehen (Halbwachs, 1967: 1; Berek, 2009: 12). Erinnerung dient dabei als Behälter für das Erlebte, um das Aktuelle in ein Gesamtbild integrieren und vor diesem Hintergrund interpretieren und Handlungen vereinfachen zu können (Jones, 2011: 876). Dabei ist jedoch nicht einzig die gemachte Erfahrung wichtig, sondern der diskursive Rahmen, in dem diese Erinnerungen eingeordnet, wiedergegeben und damit als performative Positionierungsleistung verstanden werden. Dieser diskursive Rahmen wird im weiteren Verlauf der Arbeit als Narrativ bezeichnet.

Sowohl für die individuelle als auch die kollektive Identität spielt das Narrativ eine elementare Rolle, innerhalb derer die Identität erzeugt und vor allem nach außen verteidigt wird (Atkinson und Delamont, 2006: 168). Narrative erweitern die Identitätsarbeit des Subjektes um eine zeitliche Dimension zur Herstellung eines kohärenten Selbstbildes, welches als integriertes Ganzes erscheint, und eröffnen die Möglichkeit, das Aktuelle in ein großes Ganzes einzuordnen und sich daran zu orientieren beziehungsweise Erlebtes mit Sinn für die Herstellung eines kohärenten Selbstbildes auszustatten (Bamberg et al., 2011: 185; Gillis, 1994: 3; Lucius-Hoene, 2010: 151). Dabei ist die Identität kein gänzlich bewusster Charakter, sondern dient auch als unterbewusster Handlungs- und Interpretationsrahmen:

> „Identities are not things we think *about*, but things we think *with*."
>
> (Gillis, 1994: 5, Hervorhebungen im Original)

Die Wiederholung dieser Narrative dient als soziale Praxis innerhalb der Gruppe, die sich durch das gemeinsam Erlebte und das Erzählen davon gegenüber anderen Gruppen abgrenzt und sich so ihrer kollektiven Identität versichert (Welzer, 2008: 165). Die narrativen Muster können jedoch entsprechend der allgemeinen Konzeption von Identität jederzeit variieren, je nachdem, welche Identität die Person situativ annimmt und herzustellen versucht (Lucius-Hoene, 2010: 162).

Narrative sind durch die Kommunikation und damit die Sozialisation erlernt und beeinflussen die Erzählstruktur. Der Soziologe Welzer (2008) grenzt beispielsweise zwischen dem kommunikativen und dem kulturellen Gedächtnis ab, welche verschiedene Maßstäbe aufweisen. Das kommunikative Gedächtnis stützt sich auf Alltagserfahrungen, die durch die Interaktion im Hier und Jetzt stattfinden und auch dort verankert sind sowie Referenzen dazu aufweisen. Das kulturelle Gedächtnis ist jedoch in weitaus größeren Maßstäben und Zeiträumen verankert und bezieht sich auf gesellschaftlich konstruierte Fixpunkte beziehungsweise Narrative, die reproduziert und ritualisiert aufrechterhalten werden. Das kommunikative Gedächtnis ist dabei nicht vom kulturellen zu trennen, da darin aktuelle Diskurse ausgehandelt werden, wie sich das jeweilige Kollektiv zum übergeordneten Deutungsrahmen verhält und einordnet (ebd.: 14 f.). Demzufolge unterliegt auch individuelle Erinnerung einer sozialen Rahmung und hilft dem Subjekt, die jeweiligen Erfahrungen zu strukturieren und jeweils einzuordnen beziehungsweise auf den kollektiven Diskurs zu beziehen (Echterhoff und Saar, 2002: 16). Dennoch ist nicht nur das Narrativ entscheidend, sondern natürlich ebenfalls das Erlebte, also welche Begebenheiten und Diskurse das Subjekt in sein Selbstbild integrieren kann. Zum einen strukturieren die Erfahrung und die Biografie das Selbstkonzept und das Narrativ dessen, zum anderen restrukturiert und perpetuiert die erzählende Person durch die Herstellung der eigenen Identität bestimmte Diskurse und Identitätsangebote. Das Subjekt kann sich also innerhalb dieser Strukturen bewegen und flexibel bleiben, bis zu einem gewissen Grad frei handeln und über seine beziehungsweise ihre Eigendarstellung und ihre Aushandlung in der Kommunikation mit anderen entscheiden (Silkenbeumer und Wernet, 2010: 173). Erinnerung ist folglich stets die sozial gerahmte Rekonstruktion des Erlebten, nicht aber das *reale* Abbild des Erlebten selbst (Echterhoff und Saar, 2002: 18).

Zum einen existieren soziale Bedingungen und Einflüsse auf individuelles beziehungsweise subjektives Erinnern, zum anderen intersubjektives und damit kollektives Erinnern an sich, also das gemeinsam konstruierte Narrativ einer sich selbst definierenden Gruppe. Diese beiden Erscheinungen der Identitätskonstruktion bedingen sich gegenseitig und sind eng miteinander verwoben (Echterhoff und Saar, 2002: 15), sind jedoch stets abhängig vom Subjekt selbst, welches als Träger*in von Diskursen fungiert:

> „Als sozial strukturierte und theoretisch immer auch anders mögliche Formen müssen Identitäten stets hergestellt, registriert und gültig gemacht werden. Ihre Entstehung und Perpetuierung setzt also Konstrukteure beziehungsweise Beobachter voraus."
>
> (Pott, 2007: 39)

Durch diese jeweilige diskursive Produktion und Reproduktion von Identität ist die individuelle Selbstbeschreibung immer als sozial eingebettet zu verstehen und besitzt dadurch eine kollektive Komponente, um die es im Folgenden gehen wird.

2.1.2 Kollektive Identität

Das Konzept der kollektiven Identität basiert, wie im vorangegangenen Abschnitt herausgestellt wurde, auf gemeinsam geteilten Diskursen, resultierend aus Gruppenzuschreibungen der Individuen und deren zumindest situative Adaption. Kollektive Erinnerung fußt auf gemeinsamer Sprache und ihren Symbolen sowie der daraus resultierenden Deutungsrahmen, die dadurch vor allem als Aushandlungsprozess innerhalb der wahrgenommenen Gemeinschaft betrachtet werden können (Aden et al., 2009: 312). Die kollektive Identität basiert damit auf sozialem Handeln und entsteht rekursiv, das heißt, sie bildet sich zum einen durch soziale Interaktionen heraus, dient zum anderen jedoch als Grundlage genau dieser produzierenden sozialen Interaktion (Golova, 2011: 106).

Erinnerung und kollektive Identität

Wie schon im Vorangegangenen erwähnt, lässt sich die Erinnerung beziehungsweise die Konstruktion bestimmter (historischer) Narrative als elementarer Vorgang für die Herstellung gemeinsamer Identität bestimmen. Das Gedächtnis gilt als konstitutiv, um soziales Zusammenleben zu strukturieren und sich zugehörig zu fühlen (Assmann, 1995: 52; Echterhoff und Saar, 2002: 23). Erinnerung und Gedächtnis sind dabei die Grundlagen jeder Kommunikation, ohne die sich keine intersubjektiven Diskurse und damit kollektive Identitäten ausbilden würden (Aden et al., 2009: 311; Gillis, 1994: 3; Barash, 2011: 249).

Das kollektive Gedächtnis konstituiert sich beispielsweise aus gemeinsam Erlebtem, von anderen Diskursteilnehmer*innen Erzähltem und Kontextualisiertem oder aber auch auf verschiedenen Medien wie der Schrift festgehaltene kollektive und individuelle Erlebnisse, die anderen zugänglich und von diesen kontextualisiert werden können und somit in ein kollektives, geteiltes Bewusstsein übergehen (Halbwachs, 1967: 3). Halbwachs (1967), der entschieden zur Konzeptualisierung der kollektiven Erinnerung beigetragen hat, geht davon aus, dass sich Subjekte der als ihrer Identität entsprechend wahrgenommenen Gruppen zuwenden und in ihren Interpretationsrahmen und Erinnerungsschemata denken, um sich durch die stetige Wiederholung derer besser erinnern zu können. Man könnte demnach sagen, dass es sich zum Teil um eine Identifikation mit dem Kollektiv handelt, dessen Erinnerungen und auch Deutungsmuster geteilt werden (ebd.: 3). Auch die möglichst dauerhafte Zugehörigkeit zu einer Gruppe trägt dazu bei, dass sich das Subjekt im jeweiligen Narrativ wiederfindet, sich also mit der Gruppe identifizieren und kollektive Diskurse annehmen kann (Halbwachs, 1967: 7).

Gemeinsame Erinnerung kann dadurch, dass sie kollektiver Natur ist, lediglich durch Kommunikation innerhalb der Gruppe konstituiert werden und ist als soziale Praktik zu verstehen, die abhängig von kollektiven Diskursen entsteht und hochdynamisch ablaufen kann (Conway, 2010: 443; James, 2014: 654; Jones, 2011: 877). Kollektive Identität ist also, gemäß ihrem individuellen Pendant, ein Prozess, in dem Identität durch das jeweilige Narrativ und Selbstvergewisserung stets neu generiert, tradiert und transformiert wird:

> „Statt Tradition als kulturelle Struktur zu begreifen, wird der Vorgang der Traditionalisierung als symbolische Praxis betrachtet, als eine Art der Strukturierung."
>
> (Bormann, 2001: 233)

Kollektive Identitäten bilden sich ebenfalls durch die Differenz innerhalb von Gemeinschaften, die durch verschiedene Diskurse und Gruppenidentitäten bedingt ist, aus (Saar, 2002: 273). Durch die symbolischen Formen (vgl. Cassirer, 2010) und institutionalisierten Erinnerungen werden abstrakte Gruppen wie die Ethnie, Nationalität oder Religion konstruiert, über deren Narrativ man sich diesen zugehörig sehen kann oder nicht (Assmann, 1995: 57; Kearney und Beserra, 2004: 3). Es bildet sich ein Wechselverhältnis zwischen Kommunikation über das (imaginierte) Erlebte und dem Kollektiv heraus, in dem diese Kommunikation stattfindet. Erst die gemeinsame Kommunikation bildet ein Selbstverständnis von Gemeinschaft, was daraufhin als Grundlage zur diskursiven Absteckung gemeinschaftlicher Grenzen genutzt wird und zur Konstitution weiterer Narrative und deren gemeinschaftlicher Kommunikation dient (Assmann, 1995: 59; Berek, 2009: 40). Diese kollektiven Narrative werden erst den Personen zugänglich, die Teil der Narrative werden beziehungsweise sich als Teil derer fühlen: Infolgedessen werden die jeweiligen diskursiven Rahmungen in das eigene Narrativ eingeflochten (James, 2014: 664). Ausgehend von der Annahme, dass Erinnerung durch Kommunikation konstituiert wird und erst durch deren Aushandlung Bedeutung erfährt, kann Erinnerung außerhalb der kollektiven Rahmung nicht stattfinden. Diese geht mit der jeweiligen Selbstzuschreibung die jeweilige Adaption des erinnerungsdiskursiven Deutungsrahmens einher und wird nicht außerhalb von ihr kommuniziert und ist deswegen auch nicht kommunizierbar (Gutiérrez, 2011: 25). Barash (2012) nutzt zur Beschreibung dieser kollektiven Narrative den Begriff der *kollektiven Einbildungskraft*, um ihren diskursiven Charakter hervorzuheben:

> „Diese ursprüngliche Rolle der Einbildungskraft, wie ich sie deute, zeichnet sich im Bereich der kollektiven Erfahrung aus, und hat die Fähigkeit, Erfahrung mittelbar zu machen, indem sie diese symbolisch verkörpert."
>
> (ebd.: 31)

Der Erinnerungsrahmen, in dem sich die jeweiligen Individuen bewegen, ist gemäß der Situativität und Relationalität von Identität vor allem abhängig von der jeweiligen situativen kollektiven Selbstzuschreibung zu einer Gruppe, in der sich das Subjekt artikuliert und diskursiv positioniert. Durch die Variabilität sozialer Identität von Individuen erstreckt sich diese jedoch meist auf mehrere Zuschreibungen und somit auf mehrere Handlungszusammenhänge und kann meist nicht auf die eine Gruppenidentität zurückgeführt werden (Aden et al., 2009: 324; Golova, 2011: 25). Die kollektive Erinnerung konstituiert sich auf kleinteiligen kollektiven und massenkollektiven Ebenen und bedient damit verschiedene Deutungsrahmen und Identitätsangebote der Subjekte (Barash, 2012: 25; Gillis, 1994: 8). Laut Halbwachs (1967) sind jedoch vor allem die kleinräumigeren Einheiten wie die Familie, die Freunde oder das Viertel konstitutiv für ein Narrativ, welches die gemeinsame Identität stützt und vor allem alltagsrelevanten Erfahrungen entspringt (ebd.: 132). Diesbezüglich kann jedoch zwischen zwei Arten kollektiver Erinnerung unterschieden werden: dem sozialen Gedächtnis als gelebte und erlebte intersubjektive Erinnerung und der historisch kollektiven Erinnerung als distanziertes und überliefertes Narrativ einer Gemeinschaft, die mit dem Erlöschen des gelebten Gedächtnisses hervortritt (Echterhoff und Saar, 2002: 22; Conway, 2010: 446). Die Erinnerung beziehungsweise das Narrativ fügt sich demnach nicht nur in das herkömmliche Verständnis der formalisierten Geschichtsschreibung ein, sondern spiegelt ebenfalls die lebenszyklische

Erinnerung sowie die durch Erinnerung institutionalisierte Alltagspraxis wider, welche einen deutlich größeren Einfluss auf die jeweilige Lebensrealität der Individuen beziehungsweise deren Positionierungsleistungen im Kollektiv besitzt.

Der Charakter der Narrativität eines Kollektivs wird vor allem an den Mechanismen der jeweiligen *Geschichtsschreibung* deutlich, die unterschiedliche Ereignisse voneinander abgrenzen und somit Handlungen und Identitäten einordnen und historisch legitimieren. Um eine neue kollektive Identität zu erzeugen, wird bewusst ein Bruch mit der vorangegangenen und nicht mit der Identität zu vereinbarenden Vergangenheit kommuniziert und die aktuellen Diskurse an den Anfang einer neuen Ära gestellt (Gillis, 1994: 8). Damit tritt der stark diskursive Charakter der Narrative deutlich zum Vorschein, der nicht nur bestimmte Narrative aus der jeweiligen Perspektive erzeugt, sondern sie ebenfalls unterschiedlich gewichtet und damit hervorhebt oder unterdrückt. Erinnerung und gemeinsame, vor allem territoriale Narrative sind ausgesprochen selektiv und fügen sich in die jeweilige kollektive Identität ein beziehungsweise werden in Anbetracht der Gegenwart geformt und ausgelegt, um aus aktuellen Ereignissen Sinn zu schöpfen. Identität und Erinnerung bedingen sich demnach gegenseitig, es gibt nicht eine kausale Richtung (James, 2014: 656 f.). Diesbezüglich werden, wie auch in Bezug auf die individuelle Identität, kollektive Narrative oft dazu herangezogen, um soziales Verhalten aus der Innenperspektive heraus in Beziehung zu setzen und zu legitimieren:

> „Kollektive Erinnerung gilt als Ausgangspunkt für Identität und Handeln in Gegenwart und Zukunft, für Individuen wie Kollektive."
>
> (Berek, 2009: 21)

Diese Vorgänge der kollektiven Erinnerung und der daraus entstehende Deutungsrahmen existieren nicht losgelöst von den jeweils handelnden Subjekten. Die Struktur beziehungsweise das Ergebnis sozialen Handelns kann nicht als unabhängig vom Handeln selbst betrachtet werden, sie bildet nämlich zugleich die Grundlage beziehungsweise den Hintergrund sozialen Handelns als auch deren Resultat, ist also in einen ständig sich verändernden sozialen Prozess eingebettet (Golova, 2011: 51). Kollektive Erinnerung findet lediglich in enger Interferenz mit den zum Kollektiv gehörigen Individuen statt, da sich Kollektive an sich nicht erinnern, sondern sich aus den sich erinnernden Einzelpersonen zusammensetzen, diese also die gemeinschaftliche Erinnerung erzeugen und persistent halten. Erinnerung bezieht sich demnach immer auf individuelle Erinnerung innerhalb der sozialen Sphäre, die jedoch in Interaktion eine Bedeutung bekommt und zu einem gemeinsamen Narrativ heranwachsen kann (Barash, 2011: 250; Berek, 2009: 14).

Wie sich jedoch Identität und deren innergesellschaftliche Dynamiken ausbilden, ist kein Zufall oder folgt *objektiven* Gesetzmäßigkeiten. Wer was wie erzählen darf und wer welches Narrativ überhaupt erleben und aufzeichnen darf, ist stark von den jeweiligen gesellschaftlichen Machtverhältnissen beeinflusst und führt zu hegemonialen Deutungsrahmen innerhalb des Kollektivs (Atkinson und Delamont, 2006: 165; McDowell und Braniff, 2014: 2; Saar, 2002: 273). Es geht also nicht nur darum, was *wirklich passiert* ist, sondern wie es innerhalb des Kollektivs kontextualisiert wird und zur gemeinsamen Identitätskonstruktion beitragen kann (Bormann, 2001: 233; Campbell, 2016: 6). Die Festschreibung von Bedeutung ist demzufolge auch kein harmonischer Aushandlungsprozess, sondern manifestiert sich als umkämpftes Feld um Bedeutungen und Abgrenzungen (Strüver, 2003: 117). Dies wird bei größeren Einheiten deutlich wie etwa der Nation, die zahlreiche Subkollektive beherbergt, die jeweils um die Definitionsmacht um die Narrative der Nation konkurrieren (Gillis, 1994: 8). Es lässt sich damit nicht nur ein alles umfassendes Narrativ zu einem bestimmten Sachverhalt ausmachen, sondern mehrere, geteilte, sich teilweise widersprechende, die sich meist bestimmten Kollektiven zuordnen lassen und sich damit je nach Gruppenidentität widerstreben.

Abschließend lässt sich also sagen, dass sich Erinnerung zwischen zwei Polen bewegt: der persönlichen, akuten Erfahrung und der kollektiven, artikulierbaren Erfahrung, die in einen symbolischen Kontext eingebettet ist. Durch den symbolischen Kontext erhält die kollektive Erinnerung ihre Verortung zwischen den jeweiligen Individuen. Das Symbol liegt demnach außerhalb der persönlichen Erinnerung und bewerkstelligt die kollektive Erfahrung durch die Nutzbarmachung durch die Gemeinschaft (Barash, 2011: 256). Wie im Folgenden dargestellt wird, eignet sich dafür vor allem der gemeinsam genutzte Raum als

Grundlage körperlich erfahrbarer, kollektiv erzeugter Symboliken für die Herstellung gemeinsamer Identität.

2.2 Identität und Raum

Raum bildet den jeweiligen Kontext des Handelns durch die physische Beschränktheit des menschlichen Körpers, der sich gezwungenermaßen im jeweiligen Raum- und Zeitgefüge zu positionieren hat (Golova, 2011: 109). Er dient im Kontext der vorliegenden Arbeit als Schnittpunkt kollektiver und individueller Erfahrungen und ist damit essenzieller Bestandteil kollektiven Handelns sowie geteilter Erfahrung als Grundlage gruppenspezifischer Identität (Augé, 2014: 67). Diese Identität knüpft sich an räumliche Elemente durch *Repräsentation*, also durch die bestimmte Zuschreibung von Bedeutung zu räumlichen Elementen und Symbolen (Lossau, 2003: 101). Diese verräumlichten Repräsentationen beeinflussen das Subjekt teilweise unterbewusst, welches sie zum Teil ebenfalls unterbewusst reproduziert und damit zur Manifestation bestimmter Diskurse beiträgt. Die körperliche Wahrnehmung dieser verräumlichten und symbolischen Diskurse unterstützt die Bildung eines Deutungsrahmens des Subjekts entschieden (Aden et al., 2009: 320). Da die Umwelt nicht unmittelbar ohne Sprache und gesellschaftliche Vorprägung/Konvention erfahrbar beziehungsweise artikulierbar ist, lebt das Erfahren und das Sprechen über räumliche Einheiten stets von Repräsentationen und Zuschreibungen im Sinne der poststrukturalistisch konzeptualisierten Unhintergehbarkeit von Sprache (Lossau, 2003: 104). Durch die materielle Veräußerung von Bedeutung kann auf einfachere Art und Weise ein kollektiver Bedeutungsrahmen geschaffen werden, da er den dem Kollektiv zugeschriebenen Subjekten meist zugänglich ist und somit ein körperlich erfahrbarer und gemeinsamer Referenzrahmen geschaffen werden kann. Dieser dient durch dessen Kontextualität als soziale Handlungsressource (Gutiérrez, 2011: 23; Golova, 2011: 120).

Die im Folgenden in den Fokus genommenen Theorien basieren auf der klaren Unterscheidung zwischen Orten und Räumen und infolgedessen auch von Nicht-Orten. Räume werden dabei als Handlungsspielräume betrachtet, Orte als Räume, die mit lebensweltlicher

Erfahrung und damit Bedeutung und Geschichte verknüpft sind. Diese Orte werden stetig durch den Raum der in die Zukunft gerichteten Handlungen instrumentalisiert, verändert und mit neuen Bedeutungen und historischen Narrativen belegt. Dem folgend sind Orte die Träger symbolisierter beziehungsweise materialisierter Diskurse (Assmann, 2009: 16; Augé, 2014: 84). Orte, die in Abgrenzung zum Raum als gelebter und mit Bedeutung aufgeladener Raum angesehen werden können, sind sowohl ein Resultat von Repräsentationen und Diskursen, jedoch auch von ihrem materiellen Erleben und raumgebundener alltäglicher Praxis (Fenster und Misgav, 2014: 361; Meusberger et al., 2011: 5). Somit geht der „Raumbezug von Handlungen auf die Raumproduktion im Laufe des Handelns zurück" (Golova, 2011: 88), was die mutuale Beziehung von Erleben und Produzieren des Ortes in den Vordergrund rückt. Dabei spielt das kollektive Handeln im Raum eine entscheidende Rolle. Es konstituiert soziale Räume und Ordnungen, auf denen die kollektive Seite individueller Identität fußt. Soziale Praktiken werden demnach durch den Raum sichtbar und bieten einen Bezugspunkt für Identität (Augé, 2014: 58). Doch auch die Produktion von Identität läuft räumlich durch die Adaption von Diskursen und deren Verteidigung nach Außen ab, wie Mattissek (2007) beschreibt:

> „In diesen Situationen muss durch das Treffen performativer Äußerungen eine von mehreren möglichen [...] Verortungen gewählt werden. Gleichzeitig sind die diskursiven Strukturen darauf angewiesen, durch die Artikulation in einzelnen Äußerungsakten immer wieder bestätigt zu werden."
>
> (ebd.: 88 f.)

Wird von einer räumlichen Identität gesprochen, geschieht dies meistens in einem essenzialistischen Sinne, es existieren klare Zuschreibungen zu räumlichen Zugehörigkeiten und Inanspruchnahmen in Bezug auf deren Geschichte und Identität (Massey, 1995: 183). Diese Perspektive auf den Raum, die von bestimmten Kollektiven beansprucht werden, greift jedoch zu kurz: Körperliche beziehungsweise visuelle Erfahrungen sind offen für verschiedene Erfahrungen und Repräsentationen im Raum, damit ist der Raum in der Lage, unterschiedliche Identitätsangebote und Bedeutungszuschreibungen in sich zu vereinen (Meusberger et al., 2011: 5). Durch Erfahrungen und die jeweiligen Selbstzuschreibungen erhalten verschiedene Orte unterschiedliche Repräsentationen, die zum Beispiel einem bestimmten Kollektiv wie dem Geschlecht zugeschrieben werden. Durch die symbolische Aufladung der verschiedenen räumlichen Elemente, indem sich Subjekte je nach Zugehörigkeit(sgefühl) verhalten müssen beziehungsweise können, wird demnach der Raum an die Symbolik und die Identität geknüpft (Strüver, 2003: 113). Wie Raum diesbezüglich also betrachtet, verstanden und kontextualisiert wird, resultiert nicht aus einem apriorischen und materiell festgelegten Vorgang, sondern liegt in der jeweiligen Sozialstruktur und deren materieller Entsprechung. Je nach soziokultureller Prägung wird der materielle Raum demnach anders interpretiert und zu sich und dem Kollektiv in Beziehung gesetzt und besitzt somit einen klar relationalen Charakter (Bormann, 2001: 252; Gasté und Gentes, 2013: 24). An der relationalen Struktur der Gesellschaft manifestiert sich ebenfalls der Raum in einer relationalen Art und Weise, sodass Körper und Gegenstände zueinander in Beziehung gesetzt und entsprechend den gesellschaftlichen Machtverhältnissen hierarchisiert werden (Löw, 2015: 224). Demzufolge wird durch die Kultur und die Raumrelationen festgelegt, wer welchen Raum wie nutzen darf, wer sich darin unsicher oder ängstlich fühlen oder den Ort für sich beanspruchen und dominieren kann. Die Konstruktion sowohl von kollektiver als auch individueller Identität geht demnach auch mit der Konstruktion von Raum und ihrer gegenseitigen Bezugnahme aufeinander einher (Golova, 2011: 94; Strüver, 2003: 114). Erst durch diesen relationalen Charakter von Orten kann kollektive Identität hergestellt werden, da sie für das Subjekt unterschiedliche Bezugsrahmen besitzen, je nach Ausrichtung ihrer individuellen und kollektiven Identität, und demnach immer einen anderen Handlungsrahmen darstellen und damit auch als Referenz zur Konstitution des Eigenen und des Fremden dienen (Golova, 2011: 134; McDowell und Braniff, 2014: 19). Die körperliche Erfahrbarkeit und die Möglichkeit zur sichtbaren Abgrenzung prädestiniert den physischen Raum somit zur Konstruktion individueller und kollektiver Identität, somit der Konstruktion eines (räumlichen) Innen, also eines Selbst, in Abgrenzung zum Außen, also dem Fremden. Dies gilt als elementar für einen erfolgreichen Diskurs um das Selbstbild und wird zu einer Homogenisierung nach innen und außen genutzt (Logemann, 2013: 3; Lossau, 2003: 103; Mattissek, 2007: 102). Zusätzlich perpetuieren sich die Zuschreibungen variabel und auf verschiedenen Maßstäben, zum Beispiel der Gruppen- aber vor allem auch der Raumgröße (McDowell und Braniff, 2014: 19).

Der vorangegangenen Argumentation folgend besitzen Räume an sich keine Bedeutung oder Erinnerung, erst durch die Syntheseleistung von Erfahrung und kommunikativer beziehungsweise diskursiver Aushandlung kann eine materiell verknüpfte Repräsentation erzeugt und wiederum Bedeutung räumlich erfahrbar gemacht werden (Huffschmid, 2015: 37). Dieser Wandel von einem essenzialistischen Weltbild, in dem im Raum eine unabänderliche Bedeutung festgeschrieben wird, hin zur epistemologischen Sichtweise, die räumliche Bedeutung als Resultat kommunikativer Aushandlung betrachtete, vollzog sich spätestens mit dem Soziologen Georg Simmel, der die Gesellschaft als reziproken Prozess zwischen den Individuen begriff. Raum und gesellschaftliches Verhältnis stehen in einer Wechselbeziehung, zum einen können Akteure demnach Materialität und Bedeutung von bestimmten räumlichen Elementen beeinflussen, auf der anderen Seite strukturieren die räumlichen Elemente Interpretation und Identität vor, sodass der Raum einen stark diskursiven und normativen Charakter erhält, dies allerdings erst durch die Bedeutung, die ihm im kollektiven Prozess zugesprochen wird (Halbwachs, 1967: 129). Dem folgend fungiert der Raum als materielle Grundlage für soziale Wechselwirkung und damit Vergesellschaftung, jedoch niemals als alleinige Ursache für einen teleologischen sozialen Prozess und damit der physisch-psychischen Determinierung des Subjekts. Es ist lediglich möglich, dass diese durch räumliche Strukturen unterstützt werden (Bormann, 2001: 255 ff.).

Räume bekommen ihre jeweils relationalen Bedeutungen/Identitäten durch die Nutzung von bestimmten kollektiven Gruppen, die dem Raum bestimmte Eigenschaften einschreiben und sich somit in Wechselbeziehung damit identifizieren, demnach auch ein bestimmtes Selbstverständnis daraus beziehen. Dies findet sich ebenfalls in der Theorie der Erinnerungsorte wieder, in der Räume von Kollektiven mit Bedeutung, in dem Fall mit diskursiv reflektierter Erinnerung, aufgeladen werden. Sie können jedoch weiterhin flexibel bleiben und auch neue Bedeutungen und Erinnerungen eingeschrieben bekommen (Strüver, 2003: 120). Dies zeigt sich ebenfalls in der folgenden Auseinandersetzung mit dem sozial konstruierten Raum als Resultat gesellschaftlich ausgehandelter Narrative.

Räumliche Identität und kollektive Narrative

Auch verräumlichte (kollektive) Identität lässt sich als ein Resultat gemeinsamer narrativer Aushandlung sowie Positionierungen und deren Verknüpfung mit räumlichen Repräsentationen betrachten, die als umkämpftes Terrain im kollektiven Diskurs und Bewusstsein gelten und stets einer sozialen Konstruktion unterliegen (Brandt et al., 2016: 171; Huffschmid, 2015: 14). Orte können dabei die kollektiven Erinnerungen und damit Identitäten in entscheidender Weise unterstützen. Dieser Umstand geht unter anderem ebenfalls auf die Raumgebundenheit menschlicher Erfahrung und damit auch Erinnerung zurück: Physische Räume dienen der Verankerung der Erinnerung und der Identität sowie ihrer gegenseitigen Bedingtheit in der wahrnehmbaren und materiellen Welt. Durch die physische Situiertheit von Erfahrungen ist das Abrufen von Erinnerungen demzufolge leichter durch ihre räumliche Referenzierung (Gutiérrez, 2011: 22; Muzaini, 2014: 106; Till und Kuusisto-Arponen, 2015: 293). Kollektive räumliche Erinnerung hilft im Alltagsleben dabei, sich im Raum zu orientieren und sich zu platzieren beziehungsweise die Komplexität von Interaktionen, die sich meist auf einer physisch-räumlichen Ebene abspielen, zu reduzieren (Aden et al., 2009: 325; Halbwachs, 1967: 128). Dieses routinierte Alltagsleben besitzt einen (lebens)zyklischen Charakter durch die Handlung des Menschen und ist deshalb mit dessen Biografie und einer zeitlichen Dimension verwoben und damit auch durch die zeitliche und räumliche Dimension beschränkt (Giddens, 1997: 162). Huffschmid (2015) bringt diesen Vorgang der räumlichen Erinnerung wie folgt auf den Punkt:

> „Jede Imagination, also auch individuelles wie gesellschaftliches Gedächtnis, braucht Materialität, um sich an ihr zu entzünden."
>
> (Huffschmid, 2015: 36)

Orte werden durch Handlungen und Erfahrungen im Raum produziert, ihre Bedeutungszuschreibung und Formung entsteht also in einem zeitlichen Rahmen und verbindet diese beiden Faktoren untrennbar miteinander (Campbell, 2016: 4). Der materielle Raum erzeugt ein direktes Erleben, die Zeit hingegen ein retrospektives Erleben, in dem der Raum interpretiert und eingeordnet wird (Popescu, 2006: 194). Demnach wird ortsgebundene Bedeutung und Identität unter anderem durch die „ständige Beschwörung des Historischen" produziert und reproduziert und kann in diesem Kontext als Ritual aufgefasst werden (Augé, 2014: 74). Die Praktik der Erinnerung durch das Ritual kann demnach als institutionalisierte Selbstvergewisserung gesehen werden. Das Ritual nutzt den Raum als Grundlage und Gegenstand der Interaktion und ist deswegen in den meisten Fällen verräumlicht, verdeutlicht also ebenfalls die gegenseitige Bedingtheit von Bedeutung und Ritual beziehungsweise von narrativer und räumlicher Repräsentation (Assmann, 1995: 68; Fenster und Misgav, 2014: 351; Massey, 1995: 184). Durch die Repräsentation wird also die Zeit und damit Historizität im weitesten Sinne verräumlicht (Basa, 2016: 16). Diese Verräumlichung von Historizität durch die alltägliche Praxis verläuft, wie bei der allgemeinen Herstellung kollektiver Identität, über die Relationierung und die Abgrenzung sozialer Beziehungen und die Perpetuierung deren Verräumlichungen (Meusberger et al., 2011: 8).

Konstitutiv für einen Ort und dessen Gebundenheit ist die historische und (alltagsrelevante) biografische Verbindung des Kollektivs mit dem Ort und den damit geteilten und teilweise über den Ort begründeten Normen und Diskursen (Arefi, 1999: 183; Logemann, 2013: 2). Materialitäten, die an Narrative geknüpft sind, halten diese also auf einer physisch erfahrbaren Ebene wach und dienen demnach dem Einschreiben und Wiederholen bestimmter, an die Orte geknüpfter Diskurse (Popescu, 2006: 199; Till und Kuusisto-Arponen, 2015: 293). Durch die Materialität können auch Veränderungen über die Zeit, wie zum Beispiel die Fluktuation der Gruppe, die Veränderung der Zusammensetzung und der Verhältnisse, kompensiert und in ein bestehendes Identitätsbild integriert sowie Homogenität nach innen hergestellt werden (Gutiérrez, 2011: 28). Orte können demzufolge über die Zeit als konstant Wahrgenommenes angesehen werden, welche einen historischen Diskurs unterstützen (Basa, 2016: 7; Bormann, 2001: 234). Die symbolischen Formen können als generationenüberdauernde Elemente angesehen werden, die Verhältnisse und Diskurse in einem stärkeren Maße perpetuieren beziehungsweise objektiv gegeben erscheinen lassen (Assmann, 1995: 69; Echterhoff und Saar, 2002: 21; Lossau, 2003: 106). Dies kontextualisiert Pott (2007) in seinem Beitrag über Raum und Identität wie folgt:

> „Körper, Orte und Räume machen Identitäten sichtbar. Und da sie alltagsweltlich als natürlich vorgestellt werden, fungieren sie zugleich als Garanten von Authentizität und Objektivität – auch dies ein Beitrag zur Unsicherheitsreduktion beziehungsweise Identitätsvergewisserung."
>
> (ebd.: 30)

Auch in Bezug auf kollektive verräumlichte Erinnerungsleistungen ist der prozesshafte Charakter der Identitätskonstruktion hervorzuheben. Orte sind keine Räume festgeschriebener Erinnerungsdiskurse, sondern Räume, in denen dynamische kollektive Erinnerung ausgehandelt und an die gemeinsame Identität angepasst werden kann und von jener gemeinsam zugänglichen Materialität unterstützt wird (Aden et al., 2009: 313; Gutiérrez, 2011: 26). Somit besitzt der Raum auch keine objektiv festgelegte Bedeutung, sondern spiegelt lediglich die jeweiligen relationalen Zuschreibungen der Kollektive wieder:

> „Allerdings ist der intellektuelle Status des anthropologischen Ortes zweideutig. Er ist nichts anderes als die partiell materialisierte Vorstellung, die seine Bewohner sich von ihrem Verhältnis zum Territorium, zu ihren Angehörigen und zu den anderen machen."
>
> (Augé, 2014: 69)

Dieser Umstand der Relationalität verräumlichter Erinnerungsdiskurse lässt sich besonders gut in urbanen Räumen herausstellen. Vor allem Städte werden als Orte gesammelter Erinnerungen betrachtet, welche die Lebensdauer ihrer Träger*innen überdauern und somit ins größere kollektive Gedächtnis eingeschrieben werden (Assmann, 2009: 19). Meist sind Symboliken und Repräsentationen der Vergangenheit im urbanen Raum latent vorhanden, werden aber stets und immer weiter von anderen Entwicklungen und Bedeutungen überlagert (Huffschmid, 2015: 36). Raum kann demnach als Archiv sich überlappender und nebeneinanderliegender (historisierter) Diskurse betrachtet werden (Huffschmid, 2015: 40).

Vor allem klar als historische Architektur erkennbare räumliche Elemente tragen zur Konstruktion eines historischen Narrativs auf einer übergeordneten Ebene bei, meist auf der der Stadt oder der Nation. Assmann (2009) beschreibt dies als „geronnene Geschichte" im Raum (ebd.: 18). Dadurch, dass der Mensch sich einen Großteil seiner Umwelt selber schafft und gestaltet, legt er durch die Architektur schon im Erschaffen einen Teil seiner Identität (in dem Fall seiner historischen) in der materiellen Welt ab:

> „Addressing itself to the mind, architecture embodies a narrative – not only does it tell a story, but it is also able to symbolise history [...]."
>
> (Popescu, 2006: 190)

Das Monument, welches als mit einem klaren Narrativ belegte räumliche Einheit konzeptualisiert werden kann, befördert die Geschichte/den Mythos, der maßgeblich zur territorialen Identität beiträgt, vom Bereich der Abstraktion/Illusion in die materielle Welt und verankert dort Bedeutung. Somit überdauert die soziale Ordnung die Zeit durch materielle Manifestation (Augé, 2014: 66). Demnach werden gewissen Orten nicht nur historische Narrative zugeordnet, teilweise werden sie genau zu diesem Zweck der geschichtlichen Repräsentation zur Produktion und Reproduktion einer räumlich gebundenen, meist nationalen oder lokalen Identität errichtet (Basa, 2016: 5).

Eine weitere Erscheinung dieser räumlich verankerten historischen Narrative sind *Erinnerungsorte*, die speziell zur ritualisierten Erinnerungspraktik und zur Selbstvergewisserung der jeweiligen kollektiven Identität dienen. Dieses Konzept geht vornehmlich auf den französischen Historiker Nora (1990) zurück, der durch die Beschleunigung von Raum und Zeit eine Entfernung von Geschichte und Gedächtnis prognostiziert, indem sich die ehemals gelebten Traditionen in räumliche Einheiten einschreiben. Das Gedächtnis gilt dabei als internalisierte Traditionen und soziale Ordnungen, die fortgeführt werden, Geschichte hingegen äußert sich in einer distanzvollen Perspektive auf kollektiv Erlebtes beziehungsweise Erzähltes (ebd.: 12). Auch nach Gillis (1994) sind diese Erinnerungsorte ein Resultat der wahrgenommenen Beschleunigung von Raum und Zeit und dem daraus hervorgehenden Bedürfnis, Identität festzuschreiben und Geschichte beziehungsweise geschichtliche Narrative räumlich zu konzentrieren und als dessen Kulminationspunkt zu etablieren (ebd.: 14). Erinnerungsorte machen vergangene Geschichte und Erlebnisse symbolisch zugänglich, selbst wenn die sich dort aufhaltenden Personen die Erlebnisse nicht selbst durchlebt haben, und dienen als *Kristallisationspunkte* kollektiven Erinnerns (McDowell und Braniff, 2014: 18; Carrier, 2002: 143). Sie können dabei im Sinne Noras als abgetrennt von der gelebten Geschichte betrachtet werden, deuten auf einen Bruch in der Kontinuität von Geschichte hin und konservieren bestimmte Narrative durch deren Bindung an den Ort (Carrier, 2002: 146). Diese Erinnerungsorte stiften Bedeutung und Identität meistens auf einer übergeordneten Ebene und trennen sich deutlich vom gelebten Gedächtnis ab, wie Meusberger et al. (2011) konstatieren:

> „Indeed most monuments, statues, or political architecture eventually collapse into ruins or survive only as a historical, conserved legacy of an ancient era whose values and sentiments inform the present only in the most general terms."
>
> (ebd.: 6)

Doch nicht nur die übergeordneten, als geschichtlich empfundenen Narrative fließen mit in die gemeinsame Konstitution von Identität im Raum ein. Arefi (1999), der sich im zitierten Artikel sowohl der Ortsgebundenheit als auch der Ortlosigkeit widmet, spricht von *rootedness* als wichtiges Element der ortsbezogenen Bedeutung, was sich in einem *Sich-wohl-Fühlen* und einem *Sich-sicher-Bewegen* entsprechend eines vertrauten Narrativs ausdrückt (ebd.: 183). Dabei liegt der Fokus vor allem auf einem kleinmaßstäbigen Narrativ, das sich durch die alltägliche Lebensrealität und die dort im Raum gemachten Erfahrungen ausdrückt. Somit haben die an Narrative geknüpften Bedeutungen gemäß gesellschaftlicher kleinräumiger Narrative ebenfalls einen vergleichsweise *gegenwärtigen* Charakter in der Ordnungsleistung der physischen Lebensrealität von Subjekt und Kollektiv (Golova, 2011: 75). Identität und alltagsbezogene Erinnerung kann demnach als räumliche Vertrautheit mit gesellschaftlichen Diskursen betrachtet werden.

Auch die Produktion von Orten und verräumlichten Narrativen kann nicht ohne Machtverhältnisse gedacht und vor allem nicht adäquat erklärt werden. Wer über die bestimmten Bedeutungszuschreibungen und Repräsentationen der Erinnerungsorte streiten oder sogar verfügen kann, ist meist abhängig von sozialen und ökonomischen Ressourcen und im Endeffekt von etablierten oder sich entwickelnden Machtdynamiken (Huffschmid, 2015: 16). Die Verräumlichung sozialer Prozesse wird jedoch, ebenfalls bedingt durch ihre Materialisierung und damit ihre körperliche Erfahrbarkeit, oft als totale soziale Tatsache (Durkheim, 1970: 106) wahrgenommen. Somit können bestimmte Machtverhältnisse durch Einfluss auf den öffentlichen Raum manifestiert werden (Augé, 2014: 56). Die Definitionsmacht über hegemoniale historische Diskurse manifestiert sich durch die Macht über die Gestaltung des Ortes, unter anderem durch die Zerstörung von Relikten, die von anderen diskursiven Mustern und Pluralität zeugen (Assmann, 2009: 21). Weniger dominante Diskurse finden demnach nicht immer in der materiellen Welt Widerhall oder konstituieren sich lediglich über die Ablehnung bestimmter eingeschriebener Deutungsrahmen, jedoch nicht über deren Sichtbarkeit und damit deren kollektiv zugänglichen Erfahrungen (Gutiérrez, 2011: 23). Wer also die Macht über die Gestaltung des öffentlichen Raums und deren Zuschreibungen hat, besitzt auch die größte Macht über die kollektive Identität der Mehrheitsgesellschaft (McDowell und Braniff, 2014: 15).

Es ist ebenso wichtig zu identifizieren, was durch die Erinnerungsorte vergessen oder bewusst vom Diskurs ausgeschlossen wird, wie zu sehen, welche Erinnerungsrahmen durch die Orte angeboten werden (Aden et al., 2009: 317; Huffschmid, 2015: 16). Ebenso wie die gemeinsame Erinnerung kann also der Vorgang des Vergessens als integraler Bestandteil von Erinnerungspraxis betrachtet werden, welcher ebenfalls durch räumliches Handeln hervorgerufen und reproduziert wird:

> „[...] individual forgetting may also be supported materially, conceptualised here in three ways: conspiring silences, enacting absences and embodying avoidance."
>
> (Muzaini, 2014: 104)

Vergessen in der räumlichen Praxis bedeutet, einen Diskurs oder sogar einen physischen Raum zugunsten eines anderen zu eliminieren, jedoch auch bestimmte Räume zu vermeiden, die auf individueller als auch auf kollektiver Ebene (ungewollte) Erinnerungen wecken (Muzaini, 2014: 104).

Heimat als Bezugskonzept räumlicher Identität

Als räumliche Manifestation individueller und kollektiver Identität kann der Diskurs um das Konzept der *Heimat* identifiziert werden, deren Konzeption aus einer Verknüpfung von Identität und Erinnerung mit dem physischen Raum entsteht (Black, 2002: 126). Heimat fungiert demnach als Ort, an dem die vertrauten diskursiven Rahmungen, produziert und reproduziert durch räumlich situierte Alltagshandlungen, in die räumliche Struktur eingeschrieben sind und mit dem jeweiligen Selbstkonzept übereinstimmen (Black, 2002: 132; Hamzah und Adnan, 2016: 3). Sie gilt demzufolge als sichere Basis, in der soziale Verhältnisse reliabel erscheinen, vor allem indem sie sich dauerhaft materiell manifestieren (Hamzah und Adnan, 2016: 5). Heimat wird meist unter bestimmten diskursiven Gesichtspunkten betrachtet, vor allem unter denen der Privatheit und einer klaren sozialen Ordnung. Je nach kulturellem Kontext formt sie sich jedoch unterschiedlich aus und bekommt andere Bedeutungen zugeschrieben, hat demnach je nach Diskurs auch festgeschriebene räumliche Ordnungen zu erfüllen (Lukasiuk und Jewdokimow, 2014: 110). Dabei spielt natürlich nicht nur die individuelle räumliche Praxis beziehungsweise die Gebundenheit an den Raum eine wichtige Rolle, sondern ebenfalls die soziale Gruppe, die über die räumliche Einheit konstituiert wird und die durch gemeinsames Handeln ein positives kollektives Narrativ schaffen und auf den Raum als Heimat beziehen kann (Hamzah und Adnan, 2016: 15). Das Konzept von Heimat ist jedoch nicht zwingend geknüpft an das eigene Haus oder die Wohnung, sondern eher auf die Identitätsbezogenheit bestimmter, auch übergeordneter Räume (Viertel, Stadt, Land) (Hamzah und Adnan, 2016: 4). Meist bezieht sich ein entscheidender Teil des Gefühls von *zu Hause* auf kleinräumige Einheiten wie die Nachbarschaft, da sie die direkte Umgebung des wahrgenommenen Lebensmittelpunkts ausmacht und durch die eigene Positionierung und Spacing-Leistungen (vgl. Löw, 2015) als Bestandteil der räumlich gelebten Identität verstanden werden kann, also einen entscheidenden Teil der erlebten Alltagsrealität ausmacht. Dabei spielt ebenfalls die aktive Aneignung des Raums und damit auch die Konstitution eines räumlich gebundenen Narrativs eine elementare Rolle (Hamzah und Adnan, 2016: 11 f.; Kochan, 2016: 22).

Dennoch müssen Personen nicht immer an dem von ihnen als Heimat konstruierten Ort verweilen, um ihn stets als eben diese Heimat zu kontextualisieren. Die Heimat als physischer Ort und Punkt der Identifikation ist als Konstruktion sehr dynamisch und kann auch über Entfernungen hinweg beansprucht werden oder auch mehrfach besetzt sein wie im Fall der Migration. Auch bei erzwungener Migration kann sich der neue Ort durch verschiedene soziale Praktiken als weitere Heimat angeeignet werden und durch sich überlagernde Narrative ein Ort der Identifikation sein (Kochan, 2016: 21). Der damit verbundene Komplex um den Verlust von Heimat ist in der vorliegenden Arbeit essenziell. Laut Teo und Chiu (2016), die sich in ihrer zitierten Studie mit der raumgebundenen Erfahrung des Heimatverlustes auseinandersetzen, geht dieser Verlust vor allem mit einem schwindenden Empfinden von Autonomie, Privatsphäre und Kontrolle über den als mit dem Selbstbild zu vereinbarenden Raum einher (ebd.: 8). Auch das Gefühl der Ortlosigkeit befeuert das Gefühl einer schwindenden kollektiven Identität, in dem Fall von Familien, die sich gegenüber anderen Familien mit einer Heimat in ihrem Zusammenhalt bedroht fühlen, unter Umständen aufgrund der fehlenden Narrative und der Erfahrung von Heimat (Teo und Chiu, 2016: 10). Das Gefühl von Heimatlosigkeit ist jedoch ebenfalls als Relation zum Raum und zur Identität zu betrachten, da Menschen sie nur teilweise, ihrem diskursiven Rahmen entsprechend als problematisch betrachten, andere sich jedoch damit identifizieren, keine feste Heimat zu besitzen und sich damit vor allem über ihre Mobilität positionieren und konzeptualisieren (Teo und Chiu, 2016: 5).

2.3 Identität und Migration/Flucht

Der Vorgang der Migration ist per Definition mit einem Ortswechsel verbunden und damit auch dem Verlassen der gewohnten räumlichen Umgebung, an der sich ein Teil der Identität eines Individuums beziehungsweise eines Kollektivs manifestiert. Translokalität und Transnationalität vor allem von Migrant*innen stellt diese klare Verortung von Identität und Kultur infrage (Pott, 2007: 31). Da Kultur und Identität, wie im vorangegangenen Text hervorgehoben, diskursiv umkämpfte

Felder sind, in denen Bedeutung und Normen ausgehandelt werden, ist es ebenfalls möglich, zwischen mehreren Kulturen zu changieren und sich Diskurse von unterschiedlichen Kulturen anzueignen und damit seine Identität auszudifferenzieren:

> „Von einem kritischen Potential des Phänomens kultureller Identitäten von MigrantenInnen kann die Rede sein, wenn kulturelle Identität als ein Prozess verschränkter Konstitutionsaushandlung in einem interdependenten Spannungsfeld zwischen dem Eigenen und dem Fremden konzipiert wird. Die Bedeutung identitärer Aushandlung wird ersichtlich, wenn sich vor Augen geführt wird, dass Identität uns erstens normative Orientierung, zweitens ein positives Selbstbild anhand von multiplen Gruppenzugehörigkeiten und drittens (politische) Solidarität und Anerkennung ermöglichen kann."
>
> (Porsché, 2008: 14)

Vor allem Migrant*innen sehen sich mit der Begebenheit konfrontiert, mehrere, sich teilweise widerstrebende übergeordnete (nationale) Identitäten zugesprochen zu bekommen oder sich auch selbst anzueignen, wenn sie sich mit neuen Identitätsangeboten, einer neuen Umgebung und kulturellen Begebenheiten konfrontiert sehen (Göktuna Yaylaci, 2015: 232; Ricker, 2003: 53; Spickard, 2013: 4).

Die Tendenz zur vermehrten Kommunikation und erhöhten Mobilität bedingt transnationale Netzwerke, die neue Dynamiken und Bedeutungen für die Identität und damit auch komplexere Konzepte und Verhältnisse von eben jenen Identitäten vor allem von Migrant*innen hervorrufen (Göktuna Yaylaci, 2015: 232; Porsché, 2008: 4). Meistens leben die Menschen in transnationalen Netzwerken mit Verbindungen zu ihrer Heimat, wobei die neue Umgebung in die sozioräumliche Praxis der ursprünglichen Heimat eingebunden und vom heimatlichen Kulturraum ausgehend symbolisch verarbeitet wird (Kochan, 2016: 24). Dabei spielen übergeordnete Identitätsangebote wie die Nation eine entscheidende Rolle, da sie ebenfalls übergeordnet räumlich gebunden und damit materiell nicht gänzlich transportierbar ist. Dennoch wird sie ebenfalls von Migrant*innen als Ordnungskategorie verwendet und adaptiert beziehungsweise problematisiert (Kearney und Beserra, 2004: 4). So entstehen meist hybride, transnationale Identitäten (Göktuna Yaylaci, 2015: 232; Logemann, 2013: 4), infolgedessen die Selbstkonzeption von Heimat in einem Spannungsverhältnis zwischen dem materiellen Raum und dem „space of belonging" entsteht.

Diese unter Umständen unterschiedlich wahrgenommenen Heimaten erfüllen verschiedene symbolische und diskursive Funktionen. (Kochan, 2016: 22). Die Verbindung zum *materiellen* Herkunftsland, die nicht mehr über die räumliche Praxis hergestellt werden kann, manifestiert sich in verräumlichten Narrativen, die ebenfalls eine kollektive Komponente besitzen. Somit etabliert sich eine *ortlose Erinnerung* (Gutiérrez, 2011: 20), bei der vor allem durch Imagination und ein überdauerndes Narrativ die ursprüngliche Heimat immer noch als Teil des *Zuhauses* konstruiert wird und in die potenziell neue Erfahrungen von Heimat integriert werden können, das Ursprungsland wird dabei im Narrativ oft ideell überhöht (Kochan, 2016: 22). Auch werden Symboliken der Heimat in den neuen räumlichen Kontext mit integriert und somit als Teil räumlich-identitärer Praxis beibehalten, die zu jeweiligen Hybriden, sowohl im Raum als auch in der räumlich verankerten Identität, führen und diese ortlose Erinnerung zumindest teilweise zu rematerialisieren vermögen (Göktuna Yaylaci, 2015: 233).

Gemäß der Relationalität von Orten und deren Bedeutungszuschreibungen bestehen Unterschiede in der jeweiligen Konzeptualisierung von Heimat und – im Fall von Migration und Flucht – der Integration des Ankunftslandes in das räumlich gebundene Narrativ und damit der Ausweitung des Heimatbegriffs (Black, 2002: 127). Das Gefühl der Zugehörigkeit im Ankunftsland bindet sich nicht nur an persönliche Erfahrungen, sondern auch an kollektive Narrative und Fremdzuschreibungen, mit denen sich die Individuen zu identifizieren in der Lage sehen (Göktuna Yaylaci, 2015: 237). Durch die Deplatzierung der ursprünglich vertrauten Räume können die Erinnerungen durch neue räumliche Erfahrungen überschrieben werden, jedoch ebenfalls durch die fehlende Verfügbarkeit des ursprünglichen Raums und der darin situierten Praxis (Gutiérrez, 2011: 29). Doch nicht nur die Leistung der Selbstverortung, auch die außenperspektivische (raumbezogene) Identität kann vor allem für Migrant*innen im Ankunftsland als problematisch empfunden werden. Als Person mit Migrationshintergrund wird man vor allem durch die von außen zugesprochene ethnische Zugehörigkeit definiert, die Identität unterliegt demnach unter anderem einer Fremdzuschreibung, verschiedene Wege der Identitätskonstitution sind versperrt (Rastas, 2013: 42). Durch das übergeordnete Narrativ, welches die Ethnie als Gründungsgemeinschaft der Nation konzeptualisiert, werden Personen mit Migrationserfahrungen in vielen Fällen als nicht *richtig* zugehörig ausgeschlossen (Spickard, 2013: 4). Auch das prinzipielle Selbstverständnis in selbst von Migration geprägten Ländern rekurriert auf die bestimmte Ethnie, die das öffentliche Bild und Selbstbild dominieren kann (Spickard, 2013: 9). Die Herstellung von Unterschieden zur fiktiven Mehrheitsgesellschaft geschieht, der gängigen Diskurstheorie folgend, über deren explizite Benennung. Was als normal gilt (z. B. weiß, männlich) wird nicht explizit genannt, somit wird Differenz über Sprache hergestellt, besitzt jedoch reelle Auswirkungen (Spickard, 2013: 15). Menschen werden in dem Kontext in der Identitätszuschreibung vor allem auf ihre Migrationserfahrung und ihre an das Ursprungsland zugeschriebene Identität reduziert, die aktuelle Lebenswelt mit ihrer viel höheren Komplexität und ihren weitaus mannigfaltigeren Identitätsangeboten wird häufig außer Acht gelassen. Vor allem die Fremdwahrnehmung als nicht ganz zur ethnischen Mehrheit zugehörig erinnert eben genau an diese fehlende Zugehörigkeit und schreibt der Person ihre multiethnische Identität auf, ohne dass diese Person sich zwingend selbst dahingehend verortet (Rastas, 2013: 50).

Die im vorangegangenen Text beschriebenen Wechsel- und Spannungsverhältnisse in der Selbstverortung von Menschen mit Migrations- beziehungsweise Fluchterfahrungen manifestieren sich, wie schon beschrieben, über die fehlende vertraute Narrativfunktion beziehungsweise Praxis in den jeweiligen Räumen, deren Diskurse und Alltagspraktiken ihnen unbekannt erscheinen. Dies manifestiert sich vor allem an Orten, die lediglich — wie im vorliegenden Fall die Geflüchtetenunterkunft — als Durchgangsort konzipiert und nicht darauf ausgelegt sind, räumliche Praktiken oder Geschichtlichkeit zu etablieren. Zur Beschreibung dieses Phänomens wird das theoretische Gebilde rund um die *Nicht-Orte* herangezogen, welches im Folgenden herausgearbeitet und kontextualisiert wird.

2.4 Nicht-Orte als Konzept identitätsfreier (-armer?) Räume

Das theoretische Gebilde der Nicht-Orte geht auf den französischen Ethnologen Augé (2014) und sein gleichnamiges Essay *Nicht-Orte* zurück, der deren Entstehung und Konjunktur auf die Globalisierung und damit die Beschleunigung beziehungsweise Gleichzeitigkeit von Raum und Zeit zurückführt, in der sich Geschichtlichkeiten überlappen und die (empfundenen) Abstände zwischen Räumen schrumpfen (Bosteels, 2003: 118; Merriman, 2004: 148). Dies führt laut Nora (1990), der grundlegend zur Entwicklung des Konzepts der *Erinnerungsorte* beigetragen hat, zu einem Ende der Gedächtnisideologien, die die Weitergabe von Traditionen und Institutionen beinhalten. An deren Stelle treten die Aktualität und die Gleichzeitigkeit globaler Verhältnisse (ebd.: 11). Auch Assmann (2009) beschreibt in Rückgriff auf Edward Soja die Beschleunigung durch die Globalisierung. Ihrer Meinung nach verschiebt sich jedoch das Gewicht von der Geschichtlichkeit als Dimension der Abfolge hin zum Raum als Dimension der Gleichzeitigkeit und der Vernetzung (ebd.: 14). Die meisten Narrative über Raum in Verbindung mit Nicht-Orten gehen von der Allgegenwärtigkeit der Globalisierung aus, die einen Verlust der Bedeutung von Raum als Resultat von allgemeiner Beschleunigung markiert. Dabei findet eine Erhöhung des allgemeinen Zugangs zu Raum und Mobilität auf Kosten von Nähe und Ortsgebundenheit statt (Arefi, 1999: 180). Diese Beschleunigung verändert das Verhältnis zu und auch das Wissen über den Raum und seine Symboliken, da das Subjekt vermehrt mit verschiedenen räumlichen Konstellationen und Bedeutungszuschreibungen konfrontiert ist (Gottschalk und Salvaggio, 2015: 5). Ebenfalls lassen sich zunehmend weniger klar lokalisierbare Identitäten identifizieren, an die Stelle der Dorfgemeinschaften sind nun eher Netzwerke mit höherer Reichweite und Flexibilität getreten und lassen Hybride verräumlichter Identität und Erinnerungskultur hervortreten (Gottschalk und Salvaggio, 2015: 5).

Es werden Räume und Orte geschaffen, die vermehrt darauf ausgelegt sind, ein möglichst hohes Maß von Mobilität zu gewährleisten, und eher den Durchgang regeln als zum Verweilen einzuladen. Diese Räume werden nach der Forschungstradition Marc Augés als Nicht-Orte konzeptualisiert (Gottschalk und Salvaggio, 2015: 6). Als Nicht-Orte gelten laut Augé (2014) Raumeinheiten, die nicht mehr die Kriterien eines anthropologischen Ortes erfüllen und raumgebundene Geschichte und damit Identität nicht in den jeweiligen Ort integrieren. Aufgrund der Fortschreibung und Gegenwartsbezogenheit von Geschichte kann jedoch keine klare Trennung zwischen Orten und Nicht-Orten gezogen, sondern können eher – im Sinne einer idealtypisierenden Dichotomie – als zwei Pole eines Kontinuums betrachtet werden (ebd.: 83). Dabei wird eine klare Unterscheidung zwischen der Konzeption von Orten und Nicht-Orten geschaffen:

> „A clear distinction between non-place and place is that the former lacks any chronological connection to a broader physical, cultural or emotional context, unlike the latter."
>
> (Arefi, 1999: 183)

Durch diesen Verlust ortsbezogener Bedeutung durch fehlende Erfahrung beziehungsweise (geschichtlicher) Narrative im Raum findet ein Verlust von Gemeinschaft durch die sinkende Ortsgebundenheit und damit auch durch ein schwächeres kollektives Bewusstsein, welches sich an örtlichen Narrativen manifestiert, statt (Arefi, 1999: 182). Nicht-Orte fungieren also als räumliche Einheiten, die nicht aus einem sozialen Prozess und einem kollektiven Narrativ heraus entstanden sind und sich demnach der symbolischen Aufladung durch soziale Gruppen widersetzen (Bormann, 2001: 287).

Auch Augé (2014) stellt dem Nicht-Ort den anthropologischen Ort gegenüber, übt sich jedoch ebenfalls in einer Beschreibung, die sich nicht lediglich über die Abgrenzung zum Ort konstituiert. Dabei besitzt der Nicht-Ort vor allem die Qualität eines Transit-Raumes, in dem dem Ort lediglich eine Bedeutung von außen gegeben wird, jedoch kein persönlicher Bezug durch Erlebtes oder ein identitätsstiftendes Narrativ besteht. Beispielsweise wird in touristischen Orten zwar die Historizität von Orten hervorgehoben, sie besitzen jedoch kein identitätsstiftendes Moment, da sie nicht mit persönlichem Erinnern und des sich in der Bedeutung der Orte Wiederfindens verknüpft ist. Transitorte wie z. B. Flughäfen, Autobahnen oder Geflüchtetenlager besitzen von vornherein keine Historizität, sondern sind lediglich auf ihre Funktion als Durchgangsorte ausgelegt (Augé, 2014: 89).

Nicht-Orte zielen durch ihre Konstruktion auf die effiziente und möglichst reibungslose Bewegung durch diesen Ort. Ein Aufenthalt länger als nötig ist (räumlich) nicht vorgesehen und Beziehungen oder Bindungen zu jenem Ort gilt es zu vermeiden oder gar zu verhindern. Durch dieses zielgerichtete Hindurchbewegen und dem daraus resultierenden transitorischen Charakter entstehen Nicht-Orte (Urry et al.,

2016: 16). Sie zeichnen sich ebenfalls durch die umfangreiche Zirkulation von Informationen und Gütern durch sie hindurch aus. Sie sind demnach Transitorte, an denen sich keine Merkmale eines typisch anthropologischen Ortes manifestieren können, wie zum Beispiel eine persönliche Beziehung, Netzwerke und ein kollektives wie individuelles Narrativ und damit eine persönliche Vergangenheit/Biografie und vor allem Identität (Merriman, 2004: 148). Dieser Transitcharakter spielt eine entscheidende Rolle in der Theorie, die Augé (2014) aufgestellt hat:

> „Während die Identität der einen und der anderen den ‚anthropologischen Ort' ausmachte, über das heimliche Einverständnis der Sprache, die Merkzeichen der Landschaft, die nichtformulierten Regeln der Lebenskunst, erzeugt der Nicht-Ort die von den Passagieren, Kunden und Sonntagsfahrern geteilte Identität."
>
> (ebd.: 102)

Zusätzlich hebt Augé (2014) den klar zweckgebundenen Charakter des Nicht-Ortes hervor, der auf den ersten Blick keine Relationalität zulässt:

> „Wie man leicht erkennt, bezeichnen wir mit dem Ausdruck ‚Nicht-Ort' zwei verschiedene, jedoch einander ergänzende Realitäten: Räume, die in Bezug auf bestimmte Zwecke (Verkehr, Transit, Handel, Freizeit) konstituiert sind, und die Beziehung, die das Individuum zu diesem Räumen unterhält."
>
> (ebd.: 96)

Nicht-Orte bieten demnach lediglich ein räumlich gebundenes Identitätsangebot, und zwar das der Mobilität beziehungsweise die der klar vom Nicht-Ort zugeschriebenen Funktion der Personen in diesem Nicht-Ort.

Wie auch in anderen sozialräumlichen Einheiten spielt dessen Wahrnehmung eine grundlegende Rolle, wenn es zur Auseinandersetzung mit Transit-Räumen beziehungsweise Orten kommt. Vor allem der erlebte Durchgangscharakter ist elementar:

> „‚Flüchtige' Räume und Lebensphasen sind jene, in denen das Subjekt – willentlich oder unbewusst – sich nicht im Bleiben, sondern im ‚wieder Gehen' einrichtet, was den gesamten Lebensentwurf betreffen würde, wie

auch die Beziehungen zu anderen Menschen oder zur Art des Einrichtens dort."

(Brandt et al., 2016: 175)

Die Identität beziehungsweise die Bedeutungszuschreibung des Raumes bezieht sich folglich vornehmlich auf die Durchreise, auf das Warten auf ein Weiterkommen. Die Wahrnehmung des Raums als Transitraum sollte demnach jedoch stets als relational konzeptualisiert werden, da es generell von der Lebensrealität der einzelnen Personen abhängt, wie diese sich zum Raum verhalten, positionieren und diesem Bedeutung, z. B. als Transitraum oder als Raum mit Bleibeperspektive, zuschreiben (Brandt et al., 2016: 176). Dies konstatieren ebenfalls Urry et al. (2016), die sich mit der Atmosphäre in Flughäfen auseinandersetzen und diagnostizieren, dass diese inzwischen zu Zielen und Sehenswürdigkeiten transformiert werden, die von bekannten Architekten entworfen werden und nicht mehr nur einen transitionalen, sondern auch einen erlebnisorientierten Charakter besitzen und somit entweder als Ort mit Bedeutung oder als Transitort beziehungsweise ein Hybrid dessen erlebt werden können (ebd.: 14).

Der Argumentation des Schwindens räumlicher Geschichtlichkeiten und klar gebundener Praktiken folgend, besitzt die Konjunktur von Nicht-Orten Auswirkungen auf die raumbezogene Identität, vor allem von Individuen: Mit dem Verschwinden räumlicher Einheiten, denen Bedeutung zugesprochen wurde, verschwindet auch ein Teil ihrer festgeschriebenen Bedeutung und damit auch ein Bezugspunkt für die jeweilige ortsbezogene Identität (Augé, 2014: 55). Nicht-Orten fehlt es durch ihre klar funktionelle Ausrichtung an Diversität und Spontaneität und demnach an gesellschaftlicher Dynamik, da alles zweckrational durchgeplant und vorstrukturiert ist (Arefi, 1999: 188; Bosteels, 2003: 119; Urry et al., 2016: 15). Dies lässt sich vor allem durch die erwähnte klar funktionelle Ausrichtung erklären, deren Regeln durch Schilder und Zeichen vorgegeben sind und demnach keiner kommunikativen Aushandlung bedürfen, wie es in der diskursiven Konstruktion von Orten der Fall ist:

„Der Passagier der Nicht-Orte findet seine Identität nur an der Grenzkontrolle, der Zahlstelle oder der Kasse des Supermarkts, als Wartender gehorcht er denselben Codes wie die anderen, nimmt dieselben Botschaften auf, reagiert auf dieselben Aufforderungen. Der Raum des Nicht-Or-

> tes schafft keine besondere Identität und keine besondere Relation, sondern Einsamkeit und Ähnlichkeit."
>
> (Augé, 2014: 104)

Somit sind soziale Beziehungen nicht durch in den Raum eingeschriebene Symbolik und deren Dechiffrierung durch den oder die Angehörige des Kollektivs geregelt. Durch diesen Vorgang findet eine Homogenisierung der sich im Nicht-Ort aufhaltenden Individuen statt, die in dieser Situation lediglich auf ihre Identität als in diesem Durchgangsort befindlich zurückgeworfen sind (Gottschalk und Salvaggio, 2015: 7; Merriman, 2004: 148). Durch die Reduktion der sozialen Akteure auf ihre Funktion werden diese komplett austauschbar (Gottschalk und Salvaggio, 2015: 26). Doch nicht nur die rein funktionale Ausrichtung der Nicht-Orte führt zu einer temporären Homogenisierung der sich dort aufhaltenden Personen. Die Überwachungstechniken, mit denen sie ausgestattet sind, eröffnen den Raum für Disziplinierungsmaßnahmen im gouvernmentalistischen Sinne (Foucault, 2005 a: 171 f.) und damit zu einer Angleichung des Verhaltens von Individuen (Sharma, 2009: 129). Daraus resultierend beruhen Nicht-Orte auf einem Eintrittsmechanismus, indem man nachweisen muss, dass man das Recht hat, sich dort aufzuhalten beziehungsweise durchzureisen:

> „Feeling completely identifiable, scrutinized, and powerless, users of non-places where security personnel are conspicuous and legally empowered to administer violence, detain, or deport may realize that personal appeals to rules-enforcers are likely to be unpredictable, and that personal appeals to rule-makers are likely to be prohibitively onerous or futile. In such a situation, compliance seems to be the safest option."
>
> (Gottschalk und Salvaggio, 2015: 22)

Bezüglich der suggerierten fehlenden identitätsdiversifizierenden Funktion der Nicht-Orte kritisiert Bormann (2001), dass diese sehr wohl aus bestimmten Konstitutionsbestrebungen und -verhältnissen heraus entspringen und demnach auch symbolische Bedeutung haben können, und vor allem Menschen, die sich länger in diesen Räumen aufhalten, wie z. B. Geflüchtete, sie als ihr einziges Heim ansähen und sich die Alltagskommunikation ebenfalls darauf bezieht und sie als soziale Bühne dient (ebd. 288). Diesem Vorwurf der fehlenden Relationalität kann nur teilweise zugestimmt werden.

Auf der einen Seite konstatiert Augé (2014), dass vor allem in den vielfach erwähnten Transiträumen durch ihre funktionale Ausrichtung ihre Relationalität fehlt und Individuen vor allem auf ihre Funktion in eben jenen räumlichen Einheiten reduziert, auf der anderen Seite jedoch trägt er ebenfalls ihrer Relationalität Rechnung, die vor allem in touristischen Orten hervortritt oder in Räumen, die für manche Personen durch deren erhöhte Mobilität als Durchgangsort verwendet werden können, für andere jedoch eine ganz klare biografische Komponente und damit Bedeutung erhalten. Hierbei lässt sich vor allem kritisieren, dass die Relationalität von dezidierten Transitorten in der ursprünglichen Theorie außer Acht gelassen wird. Einer sozialkonstruktivistischen Sichtweise des sozialen Raums folgend besitzt die räumliche Struktur selber in den seltensten Fällen einen handlungsdeterminierenden Charakter, sie ist lediglich in der Lage, von Gemeinschaften erschaffene Dynamiken zu unterstützen, vorzustrukturieren beziehungsweise zu erschweren. Aus diesem Grund muss sich das Subjekt nicht zwingend auf die Funktion im jeweiligen Nicht-Ort reduzieren lassen, sondern ist in der Lage, durch differierende räumliche Praktik andere Bedeutungs- und Handlungsrahmen zu schaffen und dem Nicht-Ort somit den Charakter eines Ortes im anthropologischen Sinne zu verleihen, auch wenn dies durch die Charakteristiken des idealtypischen Nicht-Ortes erschwert wird. Demnach ist es möglich, den auferlegten Zwängen der Nicht-Orte zu widerstehen und sie auf andere Art und Weise zu nutzen, ihnen demnach auch eine bestimmte Bedeutung oder sogar ein Narrativ zukommen zu lassen. Dies weist wiederholt auf den relationalen Charakter eines jeden Ortes durch die symbolische Bedeutungszuschreibung in den jeweiligen sozialen Kontexten hin (Gottschalk und Salvaggio, 2015: 28). Durch einen alltäglichen Sinnbezug und damit ebenfalls durch ein bestimmtes Narrativ und einer Zuschreibung der Bedeutung auf den Raum werden als Transiträume wahrgenommene Orte zu so etwas wie Heimat und verlieren – im relationalen Sinne – ihren Transitcharakter. Dieser wird in den Ergebnissen von Brandt et al. (2016), welche die sozialräumlichen Qualitäten von Durchgangsquartieren untersuchen, vor allem durch Personen geleistet, die eine Bindung zum beschriebenen Ort aufweisen, ihn jedoch als Transitraum für andere begreifen (ebd.: 182).

Als Weiterführung des Diskurses um Nicht-Orte führten Lukasiuk und Jewdokimow (2014) den Terminus der *Nicht-Heimat* („Non-Home“) als soziale Form des (teil)privaten Zusammenlebens ein, die sich nicht auf die üblichen sozial bedingten räumlichen Organisationen des Heims als Ort stützen, sondern durch verschiedene soziale Lagen entkoppelt werden, beispielsweise durch Migration und der daraus resultierenden Unterbringungssituation, beispielsweise in Sammelunterkünften (ebd.: 106 f.). Das Leben im Nicht-Heim wird analog zum Nicht-Ort als Übergangsphase, quasi als Zwischenstation in etwas Permanentes empfunden, also als temporärer Ort und damit nicht als Heimat (Lukasiuk und Jewdokimow, 2014: 107; Teo und Chiu, 2016: 12). Die Unterbringung beispielsweise von Migrant*innen in Nicht-Heimen folgt keinem sozialen Ausdifferenzierungsdiskurs, der von Bewohnern und Bewohnerinnen selbst geführt wird, eher bezieht es sich auf ihre Grundbedürfnisse, die von ihnen selbst festgelegt und infolgedessen diese Wohnform selbst gewählt wurde oder die von den Organisatoren und Organisatorinnen der Unterkünfte diskursiv festgelegt sind (Lukasiuk und Jewdokimow, 2014: 107). Dabei verharren die dort untergebrachten Personen durch die ständige Bedrohung des Ablehnungsbescheids bei Asylsuchenden, die noch keinen Status als Geflüchtete erhalten haben, auch in einem emotionalen Transitraum. Nicht nur das Leben in der Sammelunterkunft wirft sie größtenteils auf ihre Identität als Asylsuchende zurück (oder zwingt sie, eine solche aufzubauen), auch die eingeschränkte Mobilität durch die Residenzpflicht und die nicht vorhandene Arbeitserlaubnis tragen ihren Teil dazu bei (Schäfer, 2015: 12). Hinzu kommt die gezwungene Festsetzung in der Gegenwart, die ein Planen der Zukunft und damit – neben dem in die Vergangenheit gerichteten Narrativ – ein konstitutives Element für die Identität der dort lebenden Personen erschwert (Teo und Chiu, 2016: 11). Der Alltag von Asylsuchenden ist vor allem durch den Versuch geprägt, Normalität – auch sozialräumlich – herzustellen. Dies wird jedoch durch die stark begrenzte Mobilität erheblich eingeschränkt (Schäfer, 2015: 13). Der temporäre Aufenthalt in den Unterkünften und dessen möglicherweise abrupte Beendigung macht es zunehmend schwierig, sich im Sozialraum einzufinden und sich dauerhaft zu positionieren (Schäfer, 2015: 14). Vor allem auf den gezwungenen Aufenthalt in diesen Nicht-Orten und die daraus resultierenden

Schwierigkeiten oder Besonderheiten der Selbstpositionierung beziehungsweise des räumlich unterstützten Selbstbildes konzentriert sich der folgende empirische Teil.

3 Forschungsfragen

Wie im vorausgegangenen Stand der Forschung eingehend betrachtet, besteht seit längerer Zeit eine breite und interdisziplinäre Diskussion, die sich rund um den Komplex der individuellen als sozial bedingten und der kollektiven Identität konstituieren und positionieren. An diesen Diskurs schließt sich auch derjenige der Sozialgeografie an, der den gelebten und sozial konstruierten Raum als kollektive Ressource für bestimmte Handlungs- und Deutungsrahmen und die Abgrenzung von Gruppenidentitäten identifiziert und konzeptualisiert. Als konstitutiv für die (räumlich gebundene) kollektive Identität werden dabei gemeinsam geteilte Diskurse und Narrative betrachtet, die eine Homogenität nach innen und einen Sinnzusammenhang zur Gegenwart herstellen. Diesem wissenschaftlichen Diskurs folgend hat sich eine ganze Forschungstradition entwickelt, die sich mit geschichts- und damit potenziell identitätslosen Transit- und Warteräumen auseinandersetzt, indem das Subjekt der Theorie nach auf seine Funktion innerhalb des Raums reduziert und mit den anderen Nutzer*innen homogenisiert wird. Als deutliche Forschungslücke ist jedoch das Leben und Zusammenleben von Personen zu betrachten, die gezwungenermaßen in solch einer verräumlichten Wartehaltung verweilen müssen und dort im Mobilen demobilisiert werden. In der vorliegenden Arbeit wird die Theorie Augés als heuristisches Konzept zur Bestimmung des Forschungsgegenstandes herangezogen. So kann in einem zweiten Schritt der Theoretisierung der empirischen Ergebnisse dieser heuristische Rahmen um einzelne Perspektiven erweitert und Dynamiken identifiziert werden, die vor allem Menschen betreffen, die ihre raumbezogene Identität nicht nur temporär, sondern dauerhaft hinter sich lassen müssen und durch die andauernde Warteleistung auch nicht wieder in Orte eintreten können, die per Definition Augés eine relationale Geschichtlichkeit besitzen können oder das Potenzial dazu besitzen. Dabei ist es zum einen interessant, die jeweiligen räumlichen Deutungsmuster von Personen aus verschiedenen Hintergründen und unterschiedlichen kulturellen Prägungen hinsichtlich ihrer persönlichen und kollektiven Erinnerungsmuster zu identifizieren. Zum anderen erscheint es jedoch – vor allem vor dem Hintergrund einer Theorie der Nicht-Orte – als notwendig, die Lebensrealitäten von Personen besser kennenzulernen, die ihre *angestammten* räumlich gebundenen Deutungsmuster unfreiwillig verlassen haben und sich nun in neuen Kontexten bewegen. Personen, die in Not- oder Sammelunterkünften untergebracht werden, sehen sich damit konfrontiert, für einen längeren Zeitraum in einem solchen Transit-Ort zu leben. Dabei fungieren folgende Forschungsfragen als handlungsleitend in der empirischen Arbeit:

1. Wie wirkt sich der Aufenthalt in Sammelunterkünften auf die (raumgebundene) Identität von Menschen aus, sich in so einem für sie geschichtslos erscheinenden Ort einrichten und ihren Alltag innerhalb dieses Rahmens bestreiten zu müssen?
2. Sind sie, wie Augé konstatiert, auf ihre *Funktion* als Geflüchtete zurückgeworfen, in der sich alle ähnlich zu verhalten haben, oder persistieren auch örtlich verankerte Identitäten über längere räumliche Distanzen hinaus?
3. Wie gestaltet sich also das gesellschaftliche Zusammenleben in solch einem Raum, der länger bewohnt werden muss, jedoch trotzdem eindeutig als Durchgangsraum empfunden und unter Umständen auch genutzt wird?
4. Ist es möglich, auch dort eine räumliche Identität auszubilden, die auf einem Gruppennarrativ fußt?
5. Was führt zu einem erneuten Heimatgefühl der Geflüchteten im Ankunftsland, die eventuell schon in Wohnungen leben?

Die Migrationserfahrung, gepaart mit längerfristigem Verweilen beziehungsweise Warten im Raum, und die Auswirkungen auf die räumlich gebundene Identität bildet demnach den Fokus der vorliegenden Arbeit, welche vor dem Hintergrund der jeweiligen Heimatnarrative der Befragten betrachtet werden und von diesen Narrativen gerahmt wird.

4 Methodik

Wie in den vorangegangenen Abschnitten herausgestellt werden konnte, bildet das Narrativ eines Subjekts beziehungsweise einer Gruppe einen elementaren Bestandteil zur Herstellung und Verteidigung ihrer jeweiligen situativ angenommenen Identität (Lucius-Hoene, 2010: 149). Narrative fungieren dabei als soziale Erscheinungen, die subjektive und kollektive Bedeutungsrahmen reflektieren und damit Diskurse und Identitätskonstruktionen offenlegen (Atkinson und Delamont, 2006: 165). Durch die jeweiligen klaren Brüche in den Biografien, über die sich Narrative konstituieren, scheinen biografisch-narrative Interviews vor allem bei der Frage nach der Identitätskonstruktion von Menschen mit Migrationserfahrungen erfolgversprechend:

> „Da Biographien Entwicklungs-, Lern- und Bildungsgeschichten beinhalten […], scheinen sie zur Erforschung von Migrationsprozessen sehr geeignet zu sein, insbesondere wenn dabei Fragen zur Identitätsentwicklung im Mittelpunkt des Erkenntnisinteresses stehen."
>
> (Ricker, 2003: 54)

Aus diesem Grund wird das biografisch-narrative Interview als qualitativ-empirische Methode verwendet, wobei die der Erzählung zugrunde liegenden und durch sie erzeugten Selbstkonzepte identifiziert und herausgefiltert werden sollen (Lucius-Hoene, 2010: 153). Interview und Transkription sind dabei Repräsentanten subjektiver Sinnstruktur, die durch die Interpretation des Textes intersubjektiv nachempfunden und analysiert werden kann (Silkenbeumer und Wernet, 2010: 179). Aus der rekonstruierten Sinnstruktur der Erzählenden lässt sich unter anderem ableiten, wie die Person sich gegenüber dem Erzählten positioniert und aus eben dieser Position Sinn herstellt (Silkenbeumer und Wernet, 2010: 180). Dadurch also, dass auch in Form von Narrativen im Sprechakt Identität hergestellt und in dem Falle sogar Sinn gegeben wird, lässt sich in der Analyse von narrativen Interviews die Identitätsarbeit des Subjekts angemessen analysieren:

> „[...] the way the referential world is put together points to how tellers index their sense of self in the here and now.“
>
> (Bamberg et al., 2011: 186)

Die Narration spiegelt nicht nur den Einfluss der Erfahrung auf die Identität, sondern vor allem den Einfluss der Identität auf die Darstellung des Sachverhaltes wieder. Wie etwas und aus welcher Position erzählt wird, gibt demnach Rückschlüsse auf die Identität des oder der Erzählenden (Lucius-Hoene, 2010: 156; Ricker, 2003: 56). Narrative sollten dahingehend weniger als Fakten denn als Akt verstanden werden, in denen die Interviewten einem individuellen Strukturmuster folgen, ihre Handlungen rechtfertigen und ihre Identität konstituieren. Aus diesem Grund sollten wissenschaftliche Analysen diese Narrative mit Distanz betrachten und ihre subjektive Färbung mitreflektieren (Atkinson und Delamont, 2006: 169). Vielmehr wird erst im Prozess des Erzählens selber situativ Sinnkohärenz hergestellt und Identitätspositionierungen erzeugt:

> „Es kann also kaum ein Zweifel daran bestehen, dass der Interviewtext eine spontan zur Entfaltung gebrachte Deutung darstellt, die für eine empirische Rekonstruktion von Subjektivität höchst bedeutsam ist.“
>
> (Silkenbeumer und Wernet, 2010: 186)

Diesen entscheidenden Teil der Identitätsherstellung durch die situative Erzählung stellt Ricker (2003) wie folgt heraus:

> „Lebensgeschichtliches Erzählen ist eine grundlegende Form, seine Identität darzustellen und sich dieser zu versichern [...], denn die Erzählsituation fordert eine Person zur Selbstthematisierung und Auseinandersetzung mit dem eigenen Leben auf. Indem eine Person über ihr Leben erzählt, objektiviert sie Lebensereignisse, bringt sie in einen sinnvollen Zusammenhang und rekonstruiert ihr Sein und Gewordensein für die Zuhörerin, aber auch gleichzeitig für sich selber.“
>
> (Ricker, 2003: 57)

Da die Herstellung von Identität im Narrativ stets situativ ist, geben diese Narrative mittelbar die jeweiligen Repräsentationen der Gruppe wieder, der sich die erzählende Person in dem Moment zuschreibt und deren kollektive Identität sie in der Erzählperspektive annimmt beziehungsweise deren Selbstinszenierungskonzepten sie sich annähert (Atkinson und Delamont, 2006: 167; Lucius-Hoene, 2010: 160). Das jeweilige Narrativ resultiert demnach aus verschiedenen identitätskonstituierenden Prozessen und Selbst- sowie Fremdzuschreibungen und -platzierungen, weshalb ebenfalls der Rahmen des jeweiligen Interviews mitberücksichtigt werden sollte. Es ist demnach wichtig zu beachten, inwiefern das jeweilige Narrativ den eigenen Handlungs- und Bewertungsrahmen spiegelt oder wer für wen spricht (Atkinson und Delamont, 2006: 166). Aufgrund der situativen Herstellung von Identität ist es ebenfalls in dem Forschungsvorhaben der vorliegenden Arbeit nicht unwahrscheinlich, dass sich die Geflüchteten genau in dieser Identität präsentieren und ihre Narrative vor allem danach konstruieren (Jokela-Pansini, 2016: 1468). Unter dem Gesichtspunkt ihrer Situativität muss ebenfalls die Herstellung der Interviewsituation mit in die Bewertung einbezogen werden. Deshalb wurden vor allem möglichst offene Interviewformen verwendet, um so viel wie möglich über die Identitätskonstitution des Gegenübers in Erfahrung zu bringen:

> „Ihr Ziel [der Interviewsituation] besteht darin, der interviewten Person Raum für kommunikative Selbstdarstellung zu eröffnen, um eigene Relevanzsetzungen zu ermöglichen."
>
> (Lucius-Hoene, 2010: 157)

Trotzdem wird die Erzählsituation dahingehend beeinflusst, dass der Interviewte die Aufgabe erhält zu erzählen, demnach entspricht sie keinem Kommunikationsverlauf, der durch Aushandlungen der Situationen und Hierarchien geprägt ist (ebd.: 157). Abweichend von der Methodik eines narrativ-biografischen Interviews wurde bei der Auswahl der Fragen der Fokus systematisch auf die jeweiligen Heimat- und Raumkonzeptionen der Interviewten gelegt. Absicht war es, die Entfaltung der Biografie entlang räumlicher Narrative zu initiieren.[2]

Eine feinsequenzielle Analyse des Transkriptionsmaterials hätte den Rahmen der vorliegenden Arbeit überschritten, sodass aus pragmatischen Gründen zur Beantwortung der Forschungsfragen die *strukturierte Inhaltsanalyse* nach Mayring (2008) herangezogen wurde, die eine Unterkategorie der qualitativen Inhaltsanalyse bildet. Mithilfe dieser Methode werden Typen oder formale Strukturen im Material

2 Aus den theoretischen Grundkonzepten sowie den Forschungsfragen abgeleitet wird ein Gerüst von Fragen entwickelt, das zur Orientierung dienen soll, jedoch trotzdem einen möglichst offenen Charakter hat und somit die Eigenpositionierung in Bezug auf die räumliche Identität der Befragten so wenig wie möglich behindert beziehungsweise beeinflusst (Pfaffenbach, 2007: 159).

gesucht, die der Fragestellung beziehungsweise in diesem Falle der unter dem Text liegenden Prozesse der Selbstverortung und -positionierung entsprechen und vor dem Hintergrund der ausgearbeiteten Theorie identifiziert werden können. Dazu werden inhaltlich-thematische oder typisierende Strukturierungsdimensionen herausgefiltert und in einem Kategoriensystem zusammengefasst, die in jeweilige Unterkategorien, genannt Codes, zur detaillierteren Analyse ausdifferenziert werden. Prinzipiell wird beim Codieren angestrebt, „[...] einen Text aufzubrechen und zu verstehen und dabei Kategorien zu vergeben, zu entwickeln und im Lauf der Zeit in eine Ordnung zu bringen" (Reuber und Pfaffenbach, 2005: 162). Dabei kann dieses Verfahren in drei Schritte unterteilt werden: Zu Anfang werden diejenigen Textpassagen definiert, welche eine mögliche Kategorie bilden könnten, wobei kontinuierlich der Bezug zum theoretischen Hintergrund und zur Fragestellung der Untersuchung gesucht wird. Infolgedessen werden die jeweiligen Kategorien durch Ankerbeispiele aus den Texten verfestigt, sodass es später möglich ist, sich an diesen zu orientieren. Sollte es bei bestimmten Kategorien zu Abgrenzungsproblemen kommen, müssen im dritten Schritt Codierregeln formuliert werden, um eine eindeutige Zuordnung gewährleisten zu können. Dieser Prozess wird in einem sogenannten Codierleitfaden festgehalten, welcher während der Auswertung durch neue Kategorien und Ankerbeispiele angereichert werden kann. Die eigentliche Analyse beginnt damit, das Material auf die einzelnen, während des Lesens des Interviewmaterials erstellten Kategorien hin zu untersuchen und diese im Text zu markieren (Mayring, 2002: 118ff). Diese Methode der qualitativen Inhaltsanalyse kann demnach sowohl als theorie- als auch textgebunden interpretiert werden, wobei die Kategorien aus dem Interviewmaterial entwickelt werden, jedoch vorher auf ihre Gebundenheit zum theoretischen Hintergrund hin überprüft werden.

Um der Begebenheit eines Nicht-Ortes so nah wie möglich zu kommen, sollen als Untersuchungsgebiet Sammelunterkünfte für geflüchtete Menschen in Bochum dienen sowie Personen, die schon in Wohnungen leben und somit aus der Retrospektive über das Leben in Sammelunterkünften berichten und zu einem *normalen* Leben in Deutschland in Beziehung setzen können. Die Interviewten sollen dabei vor allem nach ihrem Verständnis von und ihrer Assoziation mit

Heimat im Kontrast zur Sammelunterkunft als Aufenthaltsort befragt werden, wo sie sich selber bezüglich ihrer Identität verorten würden und was beziehungsweise ob etwas dazu beitragen könnte, dass sich ihre Identität in ihrem jetzigen Aufenthaltsort verankert. Dadurch soll vor allem herausgestellt werden, was zur Identifizierung mit bestimmten Raumeinheiten beitragen kann, jedoch auch, was es für die individuelle Identität bedeutet, in einem für einen selbst geschichtslosen Raum untergebracht zu sein.

Im Zuge der Empiriephase wurden sechs Geflüchtete interviewt, zwei von ihnen lebten zum Zeitpunkt des Interviews in einer Sammelunterkunft, vier bekamen schon die Möglichkeit, eine Wohnung zu beziehen. Ihnen allen ist jedoch gemein, dass sie für mindestens drei Monate in einer oder verschiedenen Sammelunterkünften gewohnt haben und somit über ihre Erfahrung in solch einem Durchgangsort berichten konnten. Alle Befragten sind zwischen 20 und 30 Jahre alt. Die Auswahlkriterien waren vor allem die Beherrschung der englischen Sprache zur direkten Verständigung (das erste Interview fand mit einem Dolmetscher statt) und die erwähnte minimale Aufenthaltsdauer von drei Monaten in einer Sammelunterkunft. Der Feldzugang wurde vor allem über private Kontakte zu Personen hergestellt, die entweder professionell in die Geflüchtetenberatung involviert sind oder sich ehrenamtlich engagieren und somit eine grundlegende Vertrauensbasis geschaffen werden konnte. Im Folgenden werden die Interviewten zur Verbesserung der Kontextualisierung kurz vorgestellt[3]:

Amit wohnt in einer Sammelunterkunft in Innenstadtnähe. Diese ist provisorisch in einer Turnhalle eingerichtet, in der etwa 30 Geflüchtete mit verschiedenen ethnischen und kulturellen Hintergründen leben, die jeweiligen Privatabschnitte sind mit Bauzäunen abgetrennt, der Eingang ist mit einer Decke verhangen. Amit hat sich zur Flucht aus seinem Herkunftsland Afghanistan aufgrund der Bedrohung durch die al-Qaida entschieden, durch seine Tätigkeit als Sicherheitsperson geriet er besonders in den Fokus der Organisation. Wie viele Geflüchtete fand er seinen Weg nach Deutschland über die Ägäis und die Balkanroute.

3 Die Namen der Interviewten sind zum Schutz ihrer Privatsphäre frei erfunden.

Taufiq, der in Syrien Jura studiert hat und dort vor dem Bürgerkrieg in einer karitativen Organisation gearbeitet hat, hat aufgrund der für ihn bevorstehenden Wehrpflicht das Land verlassen und ebenfalls Deutschland über die Balkanroute erreicht. Er lebte, nachdem er in mehreren Unterkünften untergebracht war, etwa ein halbes Jahr in der gleichen Unterkunft wie Amit, bis er die Möglichkeit bekam, eine eigene Wohnung zu erhalten.

Fath, der ebenfalls aus Syrien stammt und dort Touristik studiert hat, verließ das Land aus den gleichen Gründen wie Taufiq und nahm ebenfalls die Balkanroute. Aktuell lebt er in einer Schule, die behelfsmäßig als Sammelunterkunft umfunktioniert wurde, hält sich jedoch meist bei seinem jüngeren Bruder Ismail auf, der schon eine Wohnung gefunden hat und unabhängig von seinem Bruder nach Deutschland gekommen ist. Während seiner Flucht hat sich dieser über zwei Jahre in der Türkei aufgehalten. Sie beide haben zusammen in der Sammelunterkunft gewohnt, bis Ismail die Möglichkeit bekam, die Wohnung zu beziehen.

Die aus dem Iran stammende **Shirin** ist die einzige weibliche Interviewte des Samples. Sie verließ ihr Herkunftsland zusammen mit ihrem Bruder und ihrer Mutter aufgrund ihres steigenden Interesses am Christentum und der daraus resultierenden Bedrohung, die von der Regierung ausging. Anders als die meisten Geflüchteten konnte sie ihren Weg nach Deutschland mit dem Flugzeug zurücklegen. Bevor sie eine Wohnung beziehen konnte, wurde sie innerhalb eines halben Jahres in vier unterschiedlichen Sammelunterkünften untergebracht.

Halim verließ sein Herkunftsland Syrien ebenfalls auf eher ungewöhnlichem Wege. Bedingt durch seine offen gelebte Homosexualität entschloss er sich, das Land, begünstigt durch sein Studium der *International Economics* und der Arbeit bei der Exportfirma seiner Familie, erst in Richtung Libanon und Jordanien zu verlassen, bis er für längere Zeit in Uruguay lebte und arbeitete. Infolge seines Arbeitsplatzverlustes und politischer Veränderungen entschied er sich für einen Asylantrag in Deutschland. Seine Erfahrungen und Alltagspraktiken in den Sammelunterkünften sind vor allem geprägt von seinen Erfahrungen der Diskriminierung aufgrund seiner sexuellen Orientierung. Nun lebt er mit einem deutschstämmigen Freund zusammen.

Neben der im Allgemeinen begrenzten Möglichkeit zur Generalisierung der Forschungsergebnisse, die aus dem gewählten qualitativen Methodenzweig hervorgeht, bestehen weitere Einschränkungen und Problematiken, die das Ergebnis verzerren könnten und bei der Betrachtung der Ergebnisse berücksichtigt werden sollten. Eine erhebliche Einschränkung bildete dabei die Auswahl der Interviewpartner*innen, die durch die bestehende Sprachbarriere einen stark selektiven Charakter besitzt. Da zum großen Teil lediglich mit Personen gesprochen wurde, welche die englische Sprache fließend beherrschen, kann davon ausgegangen werden, dass eine eindeutige Selektion hin zu Personen stattgefunden hat, die einen erhöhten Bildungsstand besitzen, was sich in den Vorgesprächen mit den jeweiligen Personen und der Erfragung ihrer Bildungsbiografie bestätigen lässt. Ein Großteil der Interviewten besaß einen Hochschulabschluss oder entschied sich, während der Erlangung ihres Abschlusses ihr Herkunftsland zu verlassen. Lediglich Amit, der aus Afghanistan kommt, hat nach eigenen Aussagen kaum Schulbildung erhalten und lässt sich demnach als weniger gebildet einstufen. Für diese befragte Person, die kein Englisch sprach, wurde ein Übersetzer hinzugezogen. Dabei kann man davon ausgehen, dass wortwörtliche Aussagen innerhalb des persönlichen Bewertungs- und Interpretationsrahmens der übersetzenden Person geändert wurden oder verloren gingen, indem diese inhaltlich zusammengefasst worden sind. Prinzipiell lässt sich davon ausgehen, dass die beiderseitige Kommunikation, die nicht in der Muttersprache der jeweiligen Gesprächspartner*innen war, durch diesen Weg der Kommunikation verschoben worden ist und durch den jeweiligen unterschiedlichen kulturellen Handlungs- und Positionierungsrahmen unter Umständen unterschiedlich aufgefasst worden ist.

Als weiterer erheblicher Faktor war fehlendes Vertrauen der Betroffenen in den Sammelunterkünften gegenüber der interviewenden Person. Ein ausgesprochen großer Teil der Personen, die um ein Interview gebeten wurden, verneinten mit dem Verweis auf ihre Bedenken, dadurch ihr noch laufendes Verfahren negativ zu beeinflussen. Stattdessen erklärten sich mehr Personen zu einem Interview bereit, die schon in einer Wohnung wohnen und einen meist sicheren Aufenthaltsstatus genossen. Aus diesem Grund berichten vier der sechs befragten Personen aus der Retrospektive, was auf der einen Seite weitere

Verzerrungen nach sich ziehen könnte, jedoch auch den Vergleich zum Leben in einer Wohnung in Deutschland bietet und den Befragten und demnach auch der interviewenden Person eine weitere Perspektive ermöglicht. Im folgenden Kapitel werden die Ergebnisse dieser Analyse vorgestellt, die neben der theoretischen Grundlegung das Kernstück dieser Arbeit bilden und Antworten auf die gestellten Forschungsfragen bereithalten sollen.

5 Ergebnisse

Bei Betrachtung der Ergebnisse fällt auf, dass den jeweiligen Narrativen unterschiedliche Heimatkonzeptionen zugrunde gelegt werden können. Ein Teil der Interviewten bezog sich, ihrer Erfahrung der Unsicherheit im Herkunftsland durch verschiedene Fluchtgründe folgend, auf die Heimat als sicheren Ort. Halim, der in Syrien ausgrenzende Erfahrungen infolge seiner offensichtlich kommunizierten Homosexualität machte, beschrieb dabei Heimat als Ort, in dem man sich nicht verstecken muss:

> „[...] what I mean with home is not the house of the family or something like that, I mean a place where you feel really safe, where you really can be who you are, you can try whatever comes in your mind, you do not have to be afraid."
>
> (Halim, 2016)

Dies richtet sich demnach deutlich auf die Vereinbarkeit von räumlichen Zuschreibungen und (kollektiver) Identität, die sich im genannten Zitat nicht decken, da er sich in seiner Positionierungsleistung durch den hegemonialen Diskurs der Heteronormativität in Syrien erheblich eingeschränkt sah. Andere hingegen äußern sich in Abgrenzung zu bestimmten Diskursen und Begebenheiten zu ihrem individuellen Heimatkonzept. Im nachfolgend zitierten Fall scheint die eigene Autonomie und damit die Bildung bestimmter, zumindest zum Teil selbst gewählter Narrative als elementar für ein Gefühl von *zu Hause*:

> „If you haven't got any choice from your private living, you cannot feel at home."
>
> (Taufiq, 2016)

Ebenfalls sind Tendenzen identifizierbar, die sich weniger auf die Verräumlichung bestimmter Phänomene beziehen, sondern die darauf ausgelegt sind, soziale Netzwerke in räumlicher Reichweite zu besitzen, demnach ein gemeinsames Narrativ und damit kollektive Identität als Heimatkonstitutiv nutzen:

> „Actually, for me, when I live with my family and with friends and go to school, have my own flat, I feel at home everywhere, just to have this stuff, whatever the place was."
>
> (Ismail, 2016)

Biografisch-räumliche Narrative vor der Flucht

Generell lassen sich mehrfach verräumlichte Narrative auf verschiedenen – zeitlichen sowie räumlichen – Ebenen identifizieren. Auf nationaler Ebene äußerten die Interviewten meist eine bestimmte Verbundenheit zu ihrem Herkunftsland, welche sich jedoch oft mit aktuellen negativen Narrativen verbindet, die sich vor allem auf die jeweiligen Fluchtursachen beziehen. Halim aus Syrien, der sich nach außen hin des Öfteren über seine Identität als Homosexueller positionierte, nimmt eine Homogenisierung des Herkunftslandes vor, indem er sich eindeutig negativ darauf bezieht, und knüpft dies direkt an die eigene kollektiv verortete Identität, die in diesem Fall über das Narrativ des Verlassens des Landes konstituiert wird:

> „So to be gay, I do not think it is a good idea to stay in Syria. For that mostly of the gay people left Syria, first for the war reasons and second to be who they are. It is like disgusting to hide yourself, there is nothing more disgusting to be two personalities in one."
>
> (Halim, 2016)

Dieses Zitat zeigt ebenso eine besonders starke Einschränkung der räumlichen Alltagspraxis durch die fehlende Möglichkeit der öffentlichen Raum- und Diskursaneignung, die sich unter anderem auf das Sicherheitsgefühl der Person ausrichtet, wie im folgenden Zitat zu betrachten ist:

> „Es ist schwierig, in Afghanistan zum Beispiel wie hier von x nach y zu fahren, vor allem wenn du in der Regierung arbeitest, du kannst dich mit deiner Familie wenig aufhalten, weil du dann auch irgendwie die gefährdest."
>
> (Amit, 2016)

Auch Shirin aus dem Iran, die ihr Interesse am Christentum und die daraus folgende Bedrohungslage durch die Regierung als Fluchtgrund angibt, äußert sich ähnlich:

> „There is no freedom in my country, all girls have to wear scarfs, and when you say something against the government, they take you to prison."
>
> (Shirin, 2016)

Taufiq aus Syrien hebt ebenfalls den Sicherheitsaspekt und demnach auch die Einschränkung der alltäglichen Praxis und damit der Einschränkung der räumlichen Handlungs- und Aneignungsfähigkeit des Subjekts hervor, kombiniert diese jedoch mit weiteren alltagsbestimmenden Narrativen:

> „It was normal living, actually there were nothing private because I started to work and to have my money from work after the war in Syria and it was a little bit dangerous to have a special live, to go to cafes, to go to restaurants everytime and to be led in the night out of houses, so it was like working when I got to work and in normal life in my home when I do not have work, sometimes meeting friends and in the last five years in the war, it was like sitting with one of our friends at the party, we had to stay there until the next morning, it was not allowed, it is not illegal to work, but it is not safe."
>
> (Taufiq, 2016)

Trotz dieser Negativzuschreibungen beschreiben die beiden Interviewten ihre Herkunftsländer wie selbstverständlich als ihre Heimat und deuten damit ein ambivalentes Verhältnis beziehungsweise ebenfalls eine situative Identitätsleistung an, über die sich hier keine vollständige Kohärenz herstellen lässt:

> „Also, Afghanistan ist mein Heimatland, klar fühlt man sich da wohl, aber man fühlt sich nicht sicher, man hat in jeder Sekunde Angst, dass man ermordet wird, dass ein Terroranschlag ausgeübt wird, dass diese Sekunde die letzte Sekunde auf dieser Erde sein kann."
>
> (Amit, 2016)

Auch Shirin äußert sich ähnlich auf die Frage, ob sie den Iran als ihre Heimat ansehen würde, und zwar ebenfalls gepaart mit einer Negativzuschreibung:

> „Of course, yes. Now I miss my country, but I do not miss the government."
>
> (Shirin, 2016)

Bei ihrer Begründung nimmt sie eine eindeutige Homogenisierung innerhalb der nationalen Grenzen vor:

> „Because in my country, the people are speaking my language, they understand me, I do not have to talk about my culture or talk about anything, they just understand me."
>
> (Shirin, 2016)

Lokal verortete Narrative hingegen gestalten sich heterogen. Zusammenfassend lassen sich am ehesten noch historisch sowie räumlich übergeordnete Narrative auf der Ebene der jeweiligen Stadt identifizieren, wie es zum Beispiel bei Fath aus Aleppo der Fall ist:

> „I do not really relate myself to a city or place or something, but I am glad that I was in such a beautiful city like Aleppo, it was really nice, it has a lot of special places and special things, also the people. [...] The most famous ones, for example the castle, in the centre of the city, Aleppo castle, and the old markets, the bazars around the castle and all the ancient places, also around the castle, the Umayyad-Mosque, the old mosque there."
>
> (Fath, 2016)

Taufiq bezieht sich ebenfalls auf ein weiter zurückreichendes Narrativ in der Beschreibung der Stadt:

> „I am from a small city near Damaskus city, it is five kilometres near Damaskus. This city had a special situation, because it was at the beginning like a religious city, it was one religion, and after 2000 it began to have people from other religions and until the war many people from everywhere in Syria are in that small city. So it converted at the end to a small Syria."
>
> (Taufiq, 2016)

Ebenfalls Narrative, die nicht so weit zurückreichen, jedoch trotzdem als Narrative einer bestimmten verräumlichten Geschichte oder Tradition angesehen werden können, lassen sich in den Erzählungen der Interviewten finden, hier am Beispiel Taufiqs, der vor allem Damaskus als seine Heimat betrachtet, obwohl er nicht dort geboren und aufgewachsen ist. Auf die Frage, warum dieser sich dort zu Hause fühle, antwortete er Folgendes:

> „I do not know, it is something emotionally, but we have this culture that everyone that is starting to work and starting to have a life is just going there. You see everytime in the evening like two couples, two couples together everytime and it was so good. [...] It has so many places like re-

> staurants and cafes and it was until 2011 a place that everyone from all-over just wanted to see it, it was so beautiful."
>
> (Taufiq, 2016)

Er selber beschreibt es mit einer emotionalen Bindung an den Ort, als für ihn diffuses oder opakes Phänomen, das sich am adäquatesten mit dem im Theorieteil aufgegriffenen Konzept der *rootedness*, also einer bestimmten Vertrautheit mit dem jeweiligen Raum und ihrer Praktiken konzeptualisieren lässt. Für ihn begründet sich seine Bindung in dem – mittlerweile historischen – Charakter der Stadt, der an sein Idealbild von urbanen Leben anknüpft.

Doch auch alltagsrelevante Narrative pflegen sich in die Beschreibung der Stadt oder der Nachbarschaft mit ein. Ein Beispiel dafür bildet Fath, der sich selbst als heimatlos verortet, jedoch seinen emotionalen Bezug zur Stadt durch die alltägliche Bewegung durch die Stadt selber herstellen konnte und in seine Identität integriert hat:

> „Aleppo is a city like Berlin. It is a very big city, so you can find a lot of places inside the city, modern places, ancient places, everything, everywhere. I was a guy who liked to walk a lot, go by bus or public transport, and just discover things and take my camera with me and just take pictures, I used to take a lot of pictures actually."
>
> (Fath, 2016)

Ismail, Fahts Bruder, der ebenfalls interviewt wurde und demnach auch aus Aleppo stammt, verortet sich hingegen eindeutig als damals dort beheimatet, jedoch lediglich in der Nachbarschaft, und begründet dies durch ein eindeutig alltagspraktisches Narrativ, in dem dieser sich durch die räumliche Praxis in der Nachbarschaft den Raum gemeinsam mit seinen Freunden angeeignet und demnach als Heimat konzipiert hat:

> „I was not so walking around the city so much so was just hanging out with my friends so I felt home actually at my place, at my neighbourhood. With my friends, we were just sitting at the neighbourhood and talked to each other, like every other teenagers you know. I was 17 when I was in Syria. The place was my neighbourhood, that is where I felt at home."
>
> (Ismail, 2016)

Doch ebenfalls das lebensgeschichtliche Narrativ spielt eine Rolle für seine Heimatkonzeption:

> „Because I spent my childhood there, my school was also there and friends also, and cousins and other family also lived around, so that's why I felt like home over there."
>
> (Ismail, 2016)

Das alltagsbezogene Narrativ lässt sich ebenfalls bei anderen Interviewten wiederfinden, beispielsweise bei Shirin, die sich ebenfalls auf ihre alltägliche räumliche Praktik in ihrer Freizeit bezieht:

> „In my freetime I usually gathered with my friends, we went out together, eat together, go shopping, and travelling, I really love travelling with my friends, we travelled a lot to other cities of my country and usually we went out together with my friends."
>
> (Shirin, 2016)

Diese Konzeptionen der alltagbezogenen Heimatnarrative beziehen sich jedoch jeweils auf einen Zeitraum, der vor dem Eintreten der jeweiligen Fluchtgründe anzusiedeln ist. Dieses Eintreten stellt demnach einen biografischen Bruch dar, der auch die Konzeption von Heimat und die damit verbundenen räumlichen Praktiken entschieden verändert, wie sich bei Amit beobachten lässt, der sich schon länger unter den Umständen befand, welche die Flucht ausgelöst haben und quasi seine Konzeption von Heimat umgekehrt hat, da er seit etwa vier Jahren bis zur Flucht nicht mehr dauerhaft in seinem Haus zu wohnen in der Lage war:

> „Ich habe in der Stadt, in der ich gelebt habe, in einem Hotel ein Zimmer gemietet und war auch öfter bei meinen Freunden zu Hause. Ich war ja auch ziemlich oft arbeiten, in meiner Freizeit habe ich mich viel mit meinen Freunden im Hotelzimmer aufgehalten. Ich war viereinhalb Jahre tätig als Bodyguard und in diesen viereinhalb Jahren habe ich wirklich versucht zu vermeiden, zu Hause zu bleiben, damit kein Terroranschlag auf mich ausgeübt werden kann."
>
> (Amit, 2016)

Auch in Bezug auf lokale Verortungen lassen sich Ambivalenzen erkennen, die über die verschiedenen räumlichen Ebenen und entsprechende Bedeutungszuschreibungen im Abgleich mit der eigenen Identität in Abgrenzung zur kollektiven Identität hergestellt werden. Als prägnantes Beispiel dient dafür Halim, der sich aufgrund seiner Homosexualität sowohl in Syrien als auch in Aleppo nicht wohlfühlte, jedoch in der kleinsten Einheit der Heimatkonzeption, nämlich dem Haus beziehungsweise der Wohnung:

> „In Aleppo, yes. My family, they are very open about me so that gives me a good push like if someone wants to fight with me I can fight with him also. I do not mean to kill someone but I mean with words, because my family already knows. [...] in Aleppo you cannot be that free. Always you have to hide yourself [...]"
>
> (Halim, 2016)

Somit wird über das jeweilige Alltagsnarrativ eine Grenzziehung zwischen den verschiedenen lokalen Ebenen reproduziert, einmal mit denen sich der Befragte zu identifizieren vermag, auf der anderen Seite das Außen, welches sich klar von der eigenen Identität abgrenzt.

Narrative der Flucht

Bei der Beschreibung der Fluchtroute lässt sich feststellen, dass die Interviewten lediglich die verschiedenen Stationen ihrer Flucht aufgezählt haben, jedoch sehr wenig über die Orte, an denen sie waren. Dies liefert den ersten Hinweis darauf, dass schon die Route als Nicht-Ort konzeptualisiert werden kann, der nicht wichtig für die räumlich gebundene Identität der interviewten Geflüchteten ist. Amit, der aus Afghanistan floh, fasste seine Route stark zusammen, wohingegen er viel über sein Herkunftsland und das Ankunftsland Deutschland beschrieb:

> „Ich war dann zwei Nächte in Teheran, war mit dem Schmuggler selber da, habe mich auch mit ihm da verabredet, und wir haben uns da zwei Tage lang aufgehalten. Wir sind dann vom Iran in die Türkei gekommen. Als wir in der Türkei waren, war es ein richtiges Unwetter, es war kalt, es hat richtig geregnet, überall war Matsche. Wir wurden in einen Ort gebracht, wo sich nicht einmal Tiere aufhalten würden, es war richtig kalt und unangenehm. Wir waren zwei Nächte dort, dann wurden wir mit dem Bus nach Istanbul gebracht."
>
> (Amit, 2016)

Eine andere Person verdichtete ihre Erlebnisse der Fluchtroute ebenfalls stark, bis es zur Erzählung eines offensichtlich einschneidenden und konstituierenden Erlebnisses der Identität als Geflüchteter kam, die sich ebenfalls an ein historisches Narrativ von Budapest, dem Gegenstand der Erzählung, knüpft und somit den Nicht-Ort durch Geschichtlichkeit im weitesten Sinne zum Ort werden lässt:

> „The problem was no one wanted to talk to us. We did not knew about the story of Budapest, that there are two spaces of Budapest. One of the very rich persons and one of the very poor persons, and we were in the place of the very rich persons. We did not have any internet to just name the place that we will go to so we were like a small person in a very big city and you have to search about the place. I said no one wanted to talk to us when we went to any market, no one wanted to sell us anything, we did not have cigarettes, food, water actually."
>
> (Taufiq, 2016)

Prinzipiell wurde das Heimatgefühl auf der Route verneint und dieser Umstand als äußerst problematisch empfunden, wie sich an folgendem Zitat veranschaulichen lässt:

> „[…] actually in the whole road, because no one can feel that streets or the woods are like house you know? That was so difficult."
>
> (Taufiq, 2016)

Ismail hingegen konzeptualisierte einen Teil seiner Fluchtroute als Heimat. Dies lässt sich jedoch vermutlich auf die längere Verweildauer und die spätere Entscheidung der Weiterreise zurückführen, die den beschriebenen Ort – in dem Fall die Türkei – eingeschränkt als Heimat erfahrbar machen lässt. Ismail führt dafür folgende Begründung ins Feld und offenbart damit seine eingeschränkt an den Raum geknüpfte Heimatkonzeption, die sich jedoch trotzdem an ein Narrativ knüpft, nämlich an das der Familie und Freunde, mit denen man aufgewachsen ist und ein gemeinsames Narrativ und demnach auch eine kollektive Identität herausbilden konnte:

> „Actually, for me, when I live with my family and with friends and go to school, have my own flat, I feel at home everywhere, just to have this stuff, whatever the place was. When I have my family around me and my friends and school to go to and hang around with my friends I feel just at home."
>
> (Ismail, 2016)

Leben und Identität in Sammelunterkünften

Bei Betrachtung der Sammelunterkünfte sowohl im gelebten Narrativ als auch in der Retrospektive lässt sich vor allem die erlebte Warteleistung der (früher) dort lebenden Interviewten identifizieren. Dabei kann die eingeschränkte Autonomie der Personen als weitere Komponente betrachtet werden:

> „Jetzt bin ich in diesem Camp, das ist nicht so, wie ich mir das vorgestellt habe, aber jetzt müssen wir halt ein bisschen abwarten, wie sich das ergibt und wie das sein wird, wenn ich mein eigenes Zuhause habe und ich mein eigenes Leben aufbauen kann."
>
> (Amit, 2016)

Ebenfalls eine andere Person bezieht sich sichtlich negativ auf die erzwungene Warteleistung und problematisiert diese:

> „It is like you are in a place for an amount of time, and you do not know when you are about to leave this place, what is going to happen or something, you just wait."
>
> (Taufiq, 2016)

Einen weiteren hervorzuhebenden Punkt bildet die von Fath erwähnte Losgelöstheit der Unterkunft von der restlichen Umgebung:

> „It is not a place where you can feel at home, because it is really uncomfortable, very crowded and it is like not related to any people here in this local area or something."
>
> (Fath, 2016)

Diesem Zitat zufolge fügt sich der Nicht-Ort, in dem Fall die Sammelunterkunft, in der die Person lebt, nicht in die Geschichtlichkeit der restlichen Umgebung ein, man ist in einer davon losgelösten räumlichen Einheit und wird damit als Fremdkörper konstituiert und dort festgehalten, wodurch die dort lebenden Menschen schon räumlich von einer kollektiv gelebten Identität ausgeschlossen werden.

Sammelunterkünfte als Zwangsräume

Die schon erwähnte fehlende Autonomie wird von einem Großteil der Interviewten eindeutig hervorgehoben, was der elementaren Konzeption von Heimat entspricht, die im Theorieteil beschrieben wurde. Dabei ist es vor allem die selbstbestimmte räumliche Praxis und die Möglichkeit, den körperlich erfahrbaren Raum gemäß seiner eigenen Identität mitzugestalten sowie sich anzueignen und damit vertraut zu machen:

> „I could not believe that I cannot meet with any friend I want to meet or if anyone wanted to visit me at the camp, everyone will look like, yeah you have visitors now. You cannot have any private situation, you cannot choose what you want to eat actually. And you cannot have the choice like I want to sleep now because I have to work or German lesson tomorrow in the morning or if someone else wants to stay awake and wants to talk in the night."
>
> (Taufiq, 2016)

Dies hebt ebenfalls Fath hervor, der sich selbst als nicht an die Heimat oder an einen Ort gebunden konzeptualisiert, dem jedoch die Bewegungsfreiheit sehr wichtig erscheint:

> „Nobody can say that it is a good place, whatever it was. […] it is prison. It is not really a place where you feel really free to move or to see the country or something like this."
>
> (Fath, 2016)

Im genannten Zitat wird ebenfalls besonders deutlich, als wie wichtig die selbstbestimmte Raumaneignung eingeschätzt wird. Die Unterkunft wird als nicht gut eingeschätzt, da man sich nicht frei bewegen und vor allem bestimmte Orte sehen und besuchen kann, demnach auch keine integrierende Raumpraxis möglich ist, die zur Bildung eines Narrativs genutzt werden kann. Dies verweist ebenfalls auf die von Augé (2014) suggerierte Homogenisierung der jeweiligen Funktionen und Identitäten von Menschen. Durch die klare Regelführung innerhalb der Unterkunft werden die Menschen in ihrer Möglichkeit eingeschränkt, ihre jeweiligen Identitäten und Funktionen innerhalb der Gemeinschaft kommunikativ und performativ auszudifferenzieren, der Alltag wird von auferlegten Regeln bestimmt, die auf alle in dieser Raumeinheit untergebrachten Personen angewandt werden.

Sammelunterkünfte als Räume fehlender Privatsphäre

Ein weiterer Punkt, der sich ebenfalls mit der theoretischen Konzeptualisierung von Heimat deckt, findet sich in dem der Privatsphäre wieder, der von allen Befragten deutlich hervorgehoben worden ist. Diese fehlende Privatsphäre wird des Öfteren auf die Möglichkeit bezogen, seine Ruhe zu haben, um angemessen Deutsch zu lernen, wie im vorliegenden Zitat:

> „After all, you feel like you would like to live in your own flat, you want to feel privacy, you want privacy or something like this. To be able to study or something, I mean the language, it was the most important thing for us to have some point of quiet, to have a quiet space, to be able to study, to do your personal things, I mean, anything."
>
> (Fath, 2016)

Doch nicht nur die Privatsphäre bezogen auf die komplette Unterkunft, sondern ebenfalls auf den Raum, in denen die Asylsuchenden teilweise mit mehreren Personen lebten, wird thematisiert, z. B. von Shirin, die zum Ende der Periode ihres Aufenthalts in Sammelunterkünften hin lediglich mit ihrer Familie in einem Zimmer wohnte, die fehlende Privatsphäre jedoch trotzdem ein erhebliches Problem darstellte:

> „[...] it was really difficult, for example I wanted to change my clothes, and my brother was there and my mother was there, it was really funny. We asked them many times that we need all a separate room, and they said we do not have any place anymore, so we asked them to give us an apartment"
>
> (Shirin, 2016)

Auch Halim, der mit erheblichen Problemen sowohl im Herkunftsland als auch in den Unterkünften umzugehen hatte, hob diesen Aspekt hervor, jedoch vor allem aufgrund des eigenen Sicherheitsgefühls, welches ebenfalls seiner Heimatkonzeption entsprach:

> „Even when sometimes I went to sleep I put the bed in front of the door so noone can open it, because, you know, we do not have keys to lock the doors, so what I did I just put my bed in front of it because they opened the door sometimes in the night and came to you and even touching you and annoying you."
>
> (Halim, 2016)

Strategien einer Ortskonstruktion in Sammelunterkünften

In den meisten Fällen entwickelten die Befragten keine Strategien, sich einen Ort in der Sammelunterkunft zu konstituieren, was sich zum einen aus den allgemeinen Beschreibungen, jedoch auch aus fehlenden Erwähnungen solcher Umgangsformen in der Sammelunterkunft ausdrückt. Ein sehr explizites Beispiel dafür, dass vielen Asylsuchenden wenig bis gar nichts bleibt, um die Warteleistung als Erlebnis eines Nicht-Ortes zu kompensieren, bietet Halim: Da er nicht nur das Aufhalten in der Unterkunft als problematische Warteleistung empfunden hat, sondern ebenfalls als bedrohlich, verließ er jeden Tag so früh wie möglich die Unterkunft und kam spätmöglichst wieder. Dabei entwickelte er trotzdem keine Strategie, das Leben in den Nicht-Orten durch das Verlassen eben jenes Ortes durch andere räumliche Praktiken zu kompensieren, sondern verlagerte die räumliche sowie zeitliche Warteleistung aus der Unterkunft heraus. Auf die Frage, wohin er nach Verlassen der Unterkunft ging, gab er folgende Antwort:

> „Just in the cities. Or sit in some park. It was just like this. Nothing you can do. I was looking for a job, but you know I was not allowed to until I got my permit."
>
> (Halim, 2016)

Trotz der zahlreichen negativen Bezüge auf die Unterkünfte lassen sich Übergänge zu wahrgenommenen Orten beobachten, die sich auf ein bestimmtes Narrativ beziehen, beispielsweise gemeinsames Erleben, welches kollektive Identität erzeugt und vor allem festigt:

> „Im ersten Monat hatte ich echt Schwierigkeiten, mich hier wohlzufühlen, es war echt schwierig, hier anzukommen, es waren ja auch so viele Nationalitäten unter einem Dach, aber mittlerweile, wir sind so wie eine Familie, es ist unabhängig, aus welcher Region oder welchem Land die sind, wir sind so wie eine Familie, ich persönlich fühle mich zur Zeit wohl mit denen zusammen. In Afghanistan gibt es so eine Art Rassismus zwischen den Völkern, gerade hier existiert so was nicht, wir sind zwar so viele aus so vielen Ländern und leben alle unter einem Dach, aber so wie eine Familie."
>
> (Amit, 2016)

Hier zeigen sich also verschiedene Unterteilungen. Indem die zitierte Person zuerst auf die unterschiedlichen Nationalitäten verweist, hebt sie die verschiedenen Narrative und kollektiven Identitäten hervor, die zuerst als schwierig vereinbar betrachtet werden. Durch das Narrativ der gemeinsamen (räumlichen) Erfahrung, die zuerst erzwungen ist, bilden sich neue kollektive Narrative heraus, die in das Selbstbild integriert werden und somit zumindest der Ansatz eines Heimatgefühls innerhalb der Sammelunterkunft entsteht. Shirin hingegen, die sich in mehreren Unterkünften mit ihrer Familie aufgehalten hat, verweist im Übergang vom Nicht-Ort zum Ort auf einen Teil wiedererlangter Autonomie und damit auch einer teilweise selbst gewählten räumlichen Praxis und der aktiven Mitgestaltung der (sozialen) Umgebung. Auf die Frage, ob sie sich in einer der Unterkünfte zu Hause fühlte, antwortet sie Folgendes:

> In Wicklingshausen[4], in the hospital, I liked it very much, because the people there were very nice, and I had a job there, so I did not like to stay and do nothing, so I had a job there […].
>
> (Shirin, 2016)

Neben den *netten Leuten* wird hier also auf den Job als ein Stück gefühlter Eigenständigkeit verwiesen, der die Warteleistung teilweise aussetzt, da Shirin nicht einfach nichts tut, sondern sich einbringen konnte. Auf diese zum Teil wiedererlangte Autonomie verweist auch Fath, der sich mit den ehrenamtlichen Helfern in der Unterkunft angefreundet hat und mit ihnen ein gemeinsames Narrativ bilden und sich den Raum aneignen konnte:

> „[…] they talked with us and actually I still have many friends from there until now, and we go out and they come to visit us here usually and actually it was nice in that way. Much better than staying alone or something. They let you feel like less strange at the city.“
>
> (Fath, 2016)

Hierbei wird explizit darauf verwiesen, sich weniger fremd in der Stadt durch gemeinsame Erlebnisse, räumliche Aneignungen und damit auch neu erworbene kollektive Narrative zu fühlen.

4 Städtename anonymisiert

Narrative des Verlassens der Sammelunterkunft

Wenn die Interviewten das Leben in der Sammelstelle mit dem in einer eigenen (imaginären oder realen) Wohnung vergleichen, betonen sie stets das mit dem Ortswechsel verbundene Wiedererlangen von Autonomie:

> „For sure, if I found my own small flat or something I was able to choose, if I want to work or study, because I can do nothing now."
>
> (Fath, 2016)

In Bezug auf die übergeordnete Fragestellung der Arbeit ist jedoch das Wiedererlangen einer wahrgenommenen Möglichkeit, wieder eigenständig *Geschichte schreiben zu können*, die Warteleistung demnach aufgelöst ist und die Perspektive auf die Fortschreibung der eigenen Geschichte in der Zukunft besteht, besonders interessant:

> „Ich möchte einfach nur hier akzeptiert werden, ich möchte hier einen Pass haben, wo ich sicher sein kann, hier zu sein, zur Zeit habe ich nur so ein Stück Papier, es bietet mir keine Sicherheit, dass ich hierbleiben kann, ich möchte auch einen deutschen Pass haben, wo ich auch sagen kann, hier in Deutschland ist dein Zuhause, hier ist deine Heimat jetzt, damit ich mir auch was aufbauen kann."
>
> (Amit, 2016)

Das Leben in der Unterkunft und vor allem die Unsicherheit der Zukunft durch die erzwungene Warteleistung wird demnach durch die Option auf eine planbare Zukunft und ein neu einsetzendes, ortskonstituierendes Narrativ ersetzt, wie sich aus folgendem Zitat ableiten lässt. Es stammt von Ismail, der schon eine eigene Wohnung gefunden hat:

> „Actually, when I was in the camp, I was so depressed at first, because there were no family and friends, and I did not know what is going to happen in my future. I did not know if I could complete studying and stuff, I was so sad about this. But right now I have a flat, and also have some friends, and also my brother is beside me, and I am planning now to go to university of Ruhr-University in Bochum[5], so I hope I will feel home soon."
>
> (Ismail, 2016)

5 Namen der Universität und Stadt wurden anonymisiert

Narrative einer neuen Heimat?

Bei der Konstitution einer potenziell neuen Heimat in Deutschland lassen sich wieder verschiedene Ebenen ausfindig machen, die räumlich fixiert sind. Auf die Frage, ob sich Taufiq in Deutschland heimisch fühle, antwortet er Folgendes:

> „Germany, I do not know. I am just seeing the new laws and I am just seeing the new situation for everyone. You cannot feel at home here."
>
> (Taufiq, 2016)

Dabei zieht er eine abstrakte, territorial orientierte Grenze des Landes, ohne sich auf explizite räumlich erfahrbare Einheiten zu beziehen. Durch die Homogenisierung und den Abgleich mit der eigenen Identität sieht Taufiq es als problematisch an, sich in einem Land zu Hause zu fühlen, welches die Asylgesetze weiterhin verschärft. Dabei verbleibt er jedoch auf einer abstrakten Ebene des Diskurses, ohne dass er diesen mit Alltagsnarrativen verknüpft. Amit, der noch in einer Sammelunterkunft lebt, kann sich auf die Frage, ob Deutschland seine Heimat sei, nicht äußern. Hierbei tritt ebenfalls wieder die beschriebene Warteleistung und Unfähigkeit der Bildung eines neuen Narrativs zum Vorschein:

> „Gerade in dieser Situation kann ich mich überhaupt nicht dazu äußern, weil ich noch nicht sicher bin, was mit mir passiert, es ist ja noch alles in Bearbeitung, deshalb kann ich mich nicht so richtig dazu äußern."
>
> (Amit, 2016)

Die Konstitution der nationalen Identität erfolgt jedoch meist in Abgrenzung zu dem räumlich oder sozial als Heimat definiertem Gebiet. Teilweise wird sich dabei speziell auf physische Einheiten bezogen, die zur Bewerkstelligung des Heimatgefühls benötigt werden:

> „Actually, there is no more Syria anymore. Especially Aleppo is like 90 % destructed. I think Germany will be my new home."
>
> (Ismail, 2016)

Generell geschieht die Abgrenzung jedoch auf einer abstrakteren diskursiven Ebene, indem Nationen verglichen und ihnen verschiedene Attribute zugesprochen werden. Diese werden mit dem Selbstbild abgeglichen und in der narrativen Identitätsleistung integriert. Auf die Frage, was er an Deutschland mag, äußert sich Fath wie folgt:

> „For sure the freedom I guess? Also the culture, the interest in art, because I am interested in art and in communication design, graphic design, colors in general so I thought it is the best place for me. But I did not really choose Bochum[6], I rather thought I would go to a city like Berlin or München or Hamburg or something like this, but later something happens and you cannot choose."
>
> (Fath, 2016)

Diese Abgrenzung infolge der eigenen Identitätsleistung findet im Folgenden noch einen stärkeren und expliziteren Ausdruck:

> „Actually in Syria, there were things I did not like, such as culture and habits or like things and what people think about, I was not like that so, I like what people think here more, about freedom and democracy and everything, the culture is also so nice."
>
> (Fath, 2016)

Doch auch Abgrenzungen auf städtischer Ebene beziehen sich teilweise auf abstrakte Narrative, die sich sowohl negativ als auch positiv auf die potenziell neue Heimat beziehen können. Diese Bezüge sind meist explizit in räumlich strukturierte Narrative eingebettet. Wenn die Befragten also die Möglichkeit haben, den Raum zu erleben und zu erschließen, lässt sich ein bestimmtes Heimatgefühl erzeugen, so zum Beispiel bei Amit:

> „Ich fühle mich sehr wohl hier gerade in Bochum, wir halten uns sehr oft im Stadtpark auf, gehen da spazieren im Park, es finden auch viele Veranstaltungen in der Innenstadt statt, am Hbf direkt, wo viele Sänger auch kommen und Musik machen, wir gehen auch dahin und so."
>
> (Amit, 2016)

Shirin hingegen bezieht sich eher negativ auf ihren jetzigen Wohnort und grenzt sich gleichzeitig davon ab, hebt jedoch die Wichtigkeit des Erfahrens und die Gewöhnung an den Raum hervor:

> „I do not like it. It is a place were old people live, it is very boring, I do not like it. […] You know when you live for a long time in a city you get used to it, it is like a process."
>
> (Shirin, 2016)

6 Name der Stadt geändert

Dabei lassen sich ebenfalls Tendenzen erkennen, die neuen Erfahrungen in die bestehende Identität zu integrieren und Anknüpfungspunkte zu alten Heimatkonzepten zu suchen, gleichzeitig findet wieder eine Abgrenzung zur Situation im Land statt, die zur Flucht geführt hat:

> „I can feel at home in Duisburg[7] because I know so many persons now, I have so many friends, so I can just go to my friends, have the same living I had in Syria before the war and better than the living in the war in Syria of course [...]"
>
> (Taufiq, 2016)

Shirin bezieht sich expliziter auf räumliche Komponenten wie die Dichte der Stadt, auf die sie sich mit Verweis auf ihre Herkunftsstadt Teheran positiv bezieht:

> „I visited Cologne and Bonn, it was really a little bit better, more similar to my country, I lived in Teheran, in the capital city, it was really crowded, I saw lots of people in the streets, so Cologne and Bonn were same as my country, the city I lived, so I liked them more [...]"
>
> (Shirin, 2016)

Diese Integrationsleistung der Erfahrungen im Herkunftsland in das aktuelle Leben fügt sich ebenfalls in das Gefühl von Heimat mit ein. Im vorliegenden Zitat spricht Taufiq von seinem doppelten Gefühl der Heimat, bezieht sich jedoch auf den räumlichen Diskurs im Herkunftsland, bevor die Fluchtgründe aufgetreten sind. Dabei wird explizit die Wichtigkeit der Erinnerungen an bestimmte Orte hervorgehoben, die sich aus einem Alltagsnarrativ heraus speisen:

> „Actually I cannot forget in any time in my life, but not Syria now. Syria now was so hard for me for the last five years. Syria before the war, of course I will not forget. I can say I am a bit flexible so I have two things with it, also I feel Duisburg[8] like my home now [...]. I belong to the memories in Damaskus and I belong to my memories here in Duisburg and after one year I have memories actually."
>
> (Taufiq, 2016)

Bezüglich der kleinsträumigen Konzeption von Heimat, der Wohnung, lässt sich wieder auf die Autonomie und die Privatsphäre verweisen. Obwohl Taufiq beispielsweise das Leben in der Unterkunft mit mehre-

7 Name der Stadt geändert
8 Name der Stadt geändert

ren Leuten als schlechte Erfahrung verbucht hat, ließ er sich auf das Leben in einer Wohngemeinschaft ein und bezieht sich positiv darauf, indem er auf die jeweiligen Unterschiede zum Leben in der Unterkunft verweist:

> „I have choice with everything. I can just go to my room and close my door and it is my own flat inside it and I can say sorry I cannot talk right now because my situation is not good. I want to have my quiet time, hear my music and it is acceptable to them, so there is someone who gives you your freedom, so you can feel actually at home."
>
> (Taufiq, 2016)

Zusammenfassend lässt sich sagen, dass das Leben in der Sammelunterkunft vor allem mit einem Gefühl des Wartens, also des Transits, und der fehlenden Privatsphäre und Autonomie einhergeht. Dies hindert die befragten Personen daran, einen positiven Bezug und damit ein identitätsstiftendes Narrativ aufzubauen.

6 Methodenreflexion

Bei der Untersuchung dieser Phänomene sind verschiedene empirische Einschränkungen aufgetreten, auf die im Folgenden näher eingegangen wird. Ein Faktor, der zu einer potenziellen Verzerrung der Ergebnisse führen kann und während des Interviewens auffiel, ist die Positionierung der Interviewten in ihrer Identität der Geflüchteten und in ihrer Antizipierung der ihnen womöglich von der befragenden Person auferlegten Rolle. Obwohl die Fragen sich nicht lediglich auf die Fluchtgründe der jeweiligen Personen bezogen, kamen die Befragten selbst nach explizitem Hinweis auf die Erzählung ihrer allgemeinen Biografie meist auf ihre Fluchtgründe und damit auf ihre narrative Identitätsleistung als Geflüchtete zurück. Des Weiteren scheinen die vorbereiteten Fragen in der Retrospektive nicht klar genug auf die räumlichen Aspekte der jeweiligen Erinnerung zugeschnitten. Dies war jedoch aufgrund einer möglichst offenen Fragestellung, in der die Befragten ihre eigenen Fokusse setzen sollten, schwer möglich und könnte ebenfalls zur Vermutung verleiten, dass die explizit verräumlichten Narrative eine eher untergeordnete Rolle spielen, obwohl sie in einzelnen Erzählpassagen sehr deutlich herausstachen.

Schon während des Interviews wurde durch die spezifizierten, aus der Theorie abgeleiteten Fragen ein deutlicher Fokus auf den Raum gelegt, der unter Umständen eigene Konstruktions- und identitätsbezogene Positionierungsleistungen erschwert haben könnte. In der Retrospektive könnte demnach ein klassisches narrativ-biografisches Interview (vgl. Küsters, 2009) weitere beziehungsweise diversifizierende Erkenntnisse hervorbringen. Diese konnten jedoch in der vorliegenden Empirie zugunsten einer stärkeren, aus der Theorie abgeleiteten Fokussierung nur zum Teil durch möglichst offene Fragen berücksichtigt werden.

Auch die Analysemethode der qualitativen Inhaltsanalyse birgt teilweise Schwächen. Durch ihre Orientierung an der Theorie kann das Übersehen gewisser Aspekte, die sich im Transkriptionsmaterial eventuell latent zeigen, nicht ausgeschlossen werden. Dem wurde in der Empirie versucht durch das Codierverfahren zu begegnen, welches sich aus der Analyse des Textes entwickelte und somit diversifizieren ließ. Auch der im Vergleich zu anderen Analysemethoden tendenziell oberflächliche Charakter, der zugunsten der Fokussierung auf räumliche Aspekte des Narrativs herangezogen wurde, lässt sich hier kritisieren. Trotz der methodischen und methodologischen Einschränkungen, die aufgezeigt wurden, lassen sich Tendenzen und auch eindeutigere Ergebnisse in Bezug auf die Fragestellung erkennen, die im Fazit zusammengefasst und abschließend in Bezug zueinander sowie zur theoretischen Rahmung der Arbeit gesetzt werden.

7 Fazit

Bei Betrachtung der Ergebnisse lassen sich die theoretischen und methodischen Erwägungen bezüglich einer Überprüfung und Erweiterung der Nicht-Orte-Theorie grundsätzlich bestätigen. Durch bestimmte räumliche Narrative und die Einbettung in ihre Biografie stellen die Befragten in ihren Erzählleistungen bestimmte individuelle Selbstbilder her, die einen klaren Verweis auf kollektive Identitäten besitzen. Zur Herstellung dieser Identitäten werden verschiedene Raumkonstruktionen auf differierenden räumlichen sowie historischen Ebenen genutzt. Dabei dienen die übergeordneten Ebenen der Nation oder der Stadt als Projektionsfläche für unterschiedliche Maßstäbe der Narrative, die sowohl übergeordnet historisch als auch alltagsbezogen sind, beispielsweise bei der homogenisierenden Beschreibung der Verhältnisse im Land sowie der Mentalitäten der dort lebenden Menschen, oft in Abgrenzung zur eigenen individuellen und kollektiven Identität. Während bei der Stadt noch weitreichende historische Erzählungen eine Mischform mit im weitesten Sinne gegenwarts- und individualbiografiebezogenen Diskursen bilden, sind sie auf der Ebene der Nachbarschaft und des kleinräumigen *Zuhauses*, dem Haus oder der Wohnung, in allen auftretenden Fällen von der persönlichen Biografie geprägt. Dem liegen unterschiedliche Heimatkonzeptionen zugrunde, die von einem starken Fokus auf Sicherheit über Autonomie und kollektive Erfahrungen, beispielsweise mit Familie und Freunden, reichen.

Die Aufrechterhaltung eines Heimatgefühls geht dabei auf der Flucht nach Deutschland sowie bei dem Aufenthalt in den Sammelunterkünften verloren. Gründe dafür sind auf der Flucht die stetige Bewegung durch den Raum und das fehlende Gefühl, an einem bestimmten Ort anzukommen. In den Sammelunterkünften sticht jedoch besonders die erzwungene Warteleistung in den Narrativen der Befragten hervor, denen sie ausgesetzt sind. Dies reflektiert ebenfalls die im Theorieteil genannten Heimatkonzeptionen, die einen starken Fokus auf Autonomie und Privatsphäre sowie die eigene räumliche Aneignung des Lebensraums legen. Dieses problematische Verhältnis zum Lebensraum spiegelt sich in den reduzierten verräumlichten Narrativen der Bewohner*innen wieder. Positive sowie negative Narrative beziehen sich vermehrt auf enträumlichte Begebenheiten, wobei einzelne räumliche Narrative bei allen Befragten identifiziert werden können und darauf hinweisen, dass die Nicht-Orte-Theorie in vielen Punkten Bestätigung findet. Dabei wird vor allem die schon erwähnte Warteleistung hervorgehoben, in der die dort lebende Person auf ihre Identität, in diesem Falle als Geflüchtete*r, zurückgeworfen ist. Eine andere raumbezogene Handlungspraxis und Positionierung ist vor allem durch den extrem eingeschränkten Handlungsrahmen, in dem die Geflüchteten verharren, erheblich verringert. Zum Teil wird ebenfalls die fehlende Einpassung der Unterkunft in die restliche Geschichtlichkeit der Stadt hervorgehoben und somit die Erzeugung eines Innen und Außen und damit die fehlende Integration der Geflüchteten in die Gesellschaft sowie deren kollektive Identität erkannt. Beziehen sich die Geflüchteten positiv auf verschiedene räumliche Einheiten oder konstituieren sie jeweils raumbezogene Narrative, geschieht dies meist außerhalb des Rahmens der Unterkunft. Wenn die Befragten die Möglichkeit bekommen, sich den umliegenden Raum selbst anzueignen und sich damit in die vorherrschende räumliche Praktik einbringen und sie kennenlernen zu können, sind sie durch die Integration der Erfahrungen in die jeweilige Biografie in der Lage, ebenfalls eine bestimmte *rootedness* zu erlangen. Die einzigen Fälle, in denen die Nicht-Orte der Sammelunterkünfte zu Orten geworden sind, lassen sich entweder auf Gruppen-Narrative zurückführen, wie in einem Fall die gemeinsame Erfahrung der Gruppe und das Gefühl einer Familie, zum anderen ebenfalls die teilweise Wiedererlangung der Autonomie, in der eine Befragte in einer Unterkunft arbeiten konnte und demnach ebenfalls die Umgebung mitzugestalten in der Lage war. Als klare Handlungsempfehlung, um die Geflüchteten nicht in solch einer untätigen Warteleistung zu halten, wäre ihr Einbezug und die Entwicklung einer gemeinsamen räumlichen Praxis auch über die Sammelunterkunft hinaus und damit die Gewährleistung von Autonomie, jedoch ebenfalls das Zugeständnis von Privatsphäre.

Eine nachhaltigere und die Bedürfnisse der Untergebrachten berücksichtigende Maßnahme wäre ihre Unterbringung in Wohnungen und damit auch räumlich in der Mitte der Gesellschaft, um Teilhabe an sozialer und damit auch sozialräumlicher Praxis zu gewährleisten und durch ein alltagsbezogenes und sich durch gemeinsame Erfahrung entwickelndes Narrativ die im öffentlichen Diskurs so häufig angestrebte Integration von Migrant*innen zu gewährleisten. Wie sich im Laufe der Gespräche herausstellte, sehen sich die Befragten erst mit dem Beziehen einer Wohnung in der Lage, ein in die Zukunft gerichtetes Narrativ zu konstruieren und somit ihre Identität an ihren jeweiligen Lebensraum zu knüpfen. Durch gemeinsame Erinnerung und an den jeweiligen Raum geknüpfte Narrative lässt sich für die Befragten ein Gefühl von Heimat herstellen und damit ebenfalls eine neue Form von kollektiver Identität gewährleisten, die zu neuen gesellschaftlichen Dynamiken und Möglichkeiten der Partizipation führen könnten.

Literaturverzeichnis

Aden, R. C.; Han, M. W.; Norander, S.; Pfahl, M. E.; Pollock, T. P.; Young, S. L. (2009): Re-collection: A proposal for refining the study of collective memory and its places. In: Communication Theory 19 (1): 311–336.

Amit (2016): Interview vom 29.07.2016.

Arefi, M. (1999): Non-place and placelessness as narratives of loss: Rethinking the notion of place. In: Journal of Urban Design 4 (2): 179–193.

Assmann, A. (2009): Geschichte findet Stadt. In: Csásky, M.; Leitgeb, C. (Hg.) Kommunikation – Gedächtnis – Raum. Kulturwissenschaften nach dem „Spatial Turn". Bielefeld, 3–27.

Assmann, J. (1995): Erinnern, um dazuzugehören. Kulturelles Gedächtnis, Zugehörigkeitsstruktur und normative Vergangenheit. In: Platt, K.; Dabag, M. (Hg.) Generation und Gedächtnis. Erinnerungen und kollektive Identitäten. Opladen, 51–75.

Atkinson, P.; Delamont, S. (2006): Rescuing narrative from qualitative research. In: Narrative Inquiry 16 (1): 164–172.

Augé, M. (2014): Nicht-Orte. 4. Auflage. München.

Bamberg, M.; De Fina, A.; Schiffrin, D. (2011): Discourse and Identity Construction. In: Schwartz, S. J.; Luyckx, K.; Vignoles, V. L. (Hg.) Handbook of Identity Theory and Research. New York, 177–199.

Barash, J. A. (2011): At the Threshold of Memory: Collective Memory between Personal Experience and Political Identity. In: Meta: Research in Hermeneutics, Phenomenology and Practical Philosophy 3 (2): 249–267.

Barash, J. A. (2012): Was ist kollektive Erinnerung? In: Gelhard, D.; von der Lühe, I. (Hg.) Wer zeugt für den Zeugen? Positionen jüdischen Erinnerns im 20. Jahrhundert. Frankfurt am Main, 25–36.

Basa, I. (2016): Producing Representational Spaces for the Republican Memory in Samsun, Turkey. In: Turkish Historical Review 7 (1): 1–32.

Berek, M. (2009): Kollektives Gedächtnis und die gesellschaftliche Konstruktion der Wirklichkeit. Eine Theorie der Erinnerungskulturen. Studies in Cultural and Social Sciences 2. Wiesbaden.

Black, R. (2002): Conceptions of ‚home' and the political geography of refugee repatriation: between assumption and contested reality in Bosnia-Herzegovina. In: Applied Geography 22 (1): 123–138.

Bogumil, J.; Hafer, J.; Kuhlmann, S. (2016): Verwaltungshandeln in der Flüchtlingskrise. Die Erstaufnahmeeinrichtungen und die Zukunft des Verwaltungsvollzugssystems Asyl. In: Verwaltung und Management 22 (3): 126–136.

Bormann, R. (2001): Raum, Zeit, Identität. Sozialtheoretische Verortungen kultureller Prozesse. Opladen.

Bosteels, B. (2003): Non-Places: An Anecdoted Topography of Contemporary French Theory. In: Diacritics 33 (3/4): 117–139.

Brandt, S.; Fischer, H.; Jahnel, T.; Jürss, S.; Dörfler, T.; Klärner, A. (2016): Lebenswelt Transitraum. Sinnbezüge zur Rostocker Kröpeliner-Tor-Vorstadt in rekonstruktiver Perspektive. In: Ludwig, J.; Ebner von Eschenbach, M.; Kondratjuk, M. (Hg.) Sozialräumliche Forschungsperspektiven. Disziplinäre Ansätze, Zugänge und Handlungsfelder. Opladen, Berlin, Toronto, 171–187.

Butler, J. (2007): Kritik der ethischen Gewalt – Adorno-Vorlesungen 2002. Frankfurt am Main.

Campbell, C. J. (2016): Space, Place and Scale: Human Geography and Spatial History in Past and Present. In: Past and Present 0 (1): 1–23.

Carrier, P. (2002): Pierre Noras *Les Lieux de mémoire* als Diagnose und Symptom des zeitgenössischen Erinnerungskults. In: Echterhoff, G.; Saar, M. (Hg.) Kontexte und Kulturen des Erinnerns. Maurice Halbwachs und das Paradigma des kollektiven Gedächtnisses. Konstanz, 141–162.

Cassirer, E. (2010): Philosophie der symbolischen Formen: Erster Teil: Die Sprache. Hamburg.

Conway, B. (2010): New Directions in the Sociology of Collective Memory and Commemoration. In: Sociology Compass 4 (7): 442–453.

Durkheim, E. (1970): Regeln der soziologischen Methode. Soziologische Texte Band 3, 3. Auflage. Neuwied/Berlin.

Echterhoff, G.; Saar, M. (2002): Das Paradigma des kollektiven Gedächtnisses. Maurice Halbwachs und die Folgen. In: Echterhoff, G.; Saar, M. (Hg.) Kontexte und Kulturen des Erinnerns. Maurice Halbwachs und das Paradigma des kollektiven Gedächtnisses. Konstanz, 13–35.

Erikson, E. H. (1976): Identität und Lebenszyklus. Drei Aufsätze. 3. Auflage. Frankfurt am Main.

European Council on Refugees and Exiles (Hg.) (2015): Common asylum system at turning point: Refugees caught in Europe's solidarity crisis. Annual Report 2014/2015. Brüssel.

Fath (2016): Interview vom 23.08.2016.

Fenster, T.; Misgav, C. (2014): Memory and place in participatory planning. In: Planning Theory & Practice 15 (3): 349–369.

Foucault, M. (2005 a): Analytik der Macht. Frankfurt am Main.

Foucault, M. (2005 b): Schriften in vier Bänden. Dits et Ecrits – Band IV. 1980–1988. Frankfurt am Main.

Gasté, Y.; Gentes, A. (2013): „Place“ and „Non-Place“: A Model for the Strategic Design of Place-Centered Services. In: Bell Labs Technical Journal 17 (4): 21–36.

Giddens, A. (1997): Die Konstitution der Gesellschaft. Grundzüge einer Theorie der Strukturierung. 3. Auflage. Frankfurt am Main, New York.

Gillis, J. R. (1994): Memory and Identity: The History of a Relationship. In: Gillis, J. R. (Hg.) Commemorations. The Politics of National Identity. Princeton, New Jersey, 3–24.

Golova, T. (2011): Räume kollektiver Identität. Raumproduktionen in der „linken Szene“ in Berlin. Bielefeld.

Gottschalk, S.; Salvaggio, M. (2015): Stuck Inside of Mobile: Ethnography in Non-Places. In: Journal of Contemporary Ethnography 44 (1): 3–33.

Gutiérrez, E. M. (2011): Memories without a place. In: International Social Science Journal 62 (202-203): 19–31.

Göktuna Yaylaci, F. (2015): Migration and Identity: A Case of Emirdag and Posof-Origin People in Belgium. In: Electronic Journal of Social Sciences 14 (52): 231–248.

Halbwachs, M. (1967): Das kollektive Gedächtnis. Stuttgart.

Halim (2016): Interview vom 04.09.2016.

Hamzah, H.; Adnan, N. (2016): The Meaning of Home and Its Implications on Alternative Tenures: A Malaysian Perspective. In: Housing, Theory and Society 2016: 1–19.

Huffschmid, A. (2015): Risse im Raum. Erinnerung, Gewalt und städtisches Leben in Lateinamerika. Wiesbaden.

Ismail (2016): Interview vom 23.08.2016.

James, M. (2014): Whiteness and loss in outer East London: tracing the collective memory of diaspora place. In: Ethnic and Racial Studies 37 (4): 652–667.

Jokela-Pansini, M. (2016): Spatial imaginaries and collective identity in women's human rights struggles in Honduras. In: Gender, Place and Culture 23 (10): 1465–1479.

Jones, O. (2011): Geography, Memory and Non-Representational Geographies. In: Geography Compass 5 (12): 875–885.

Kearney, M.; Beserra, B. (2004): Introduction: Migration and Identity: A Class-Based Approach. In: Latin American Perspectives 31 (5): 3–14.

Kochan, D. (2016): Home is where I lay down my hat? The complexities and functions of home for internal migrants in contemporary China. In: Geoforum 71 (1): 21–32.

Küsters, I. (2009): Narrative Interviews. Grundlagen und Anwendungen. 2. Auflage. Wiesbaden.

Logemann, J. (2013): Europe – Migration – Identity: Connections between migration experiences and Europeanness. In: National Identities 15 (1): 1–8.

Lossau, J. (2003): Geographische Repräsentationen: Skizze einer *anderen* Geographie. In: Gebhardt, H.; Reuber, P.; Wolkersdorfer, G. (Hg.) Kulturgeographie. Aktuelle Ansätze und Entwicklungen. Heidelberg, Berlin, 101–111.

Lucius-Hoene, G. (2010): Narrative Identitätsarbeit im Interview. In: Griese, B. (Hg.) Subjekt – Identität – Person? Reflexionen zur Biographieforschung. Wiesbaden, 149–170.

Lukasiuk, M.; Jewdokimow, M. (2014): Non-Home: A Theoretical Approach to Migrants' Dwellings. In: Theory of Science 36 (1): 105–124.

Löw, M. (2015): Raumsoziologie. 8. Auflage. Frankfurt am Main.

Massey, D. (1995): Places and their Pasts. In: History Workshop Journal 39 (1): 182–192.

Mattissek, A. (2007): Diskursive Konstitution städtischer Identität – Das Beispiel Frankfurt am Main. In: Berndt, C.; Pütz, R. (Hg.) Kulturelle Identitäten. Zur Beschäftigung mit Raum und Ort nach dem Cultural Turn. Bielefeld, 83–111.

Mayring, P. (2002): Einführung in die qualitative Sozialforschung. 5. überarbeitete Auflage. Weinheim/Basel.

Mayring, P. (2008): Qualitative Inhaltsanalyse. Grundlagen und Techniken. 10., neu ausgestattete Auflage. Weinheim/ Basel.

McDowell, S.; Braniff, M. (2014): Commemoration as Conflict. Space, Memory and Identity in Peace Processes. London.

Mead, G. H. (1973): Geist, Identität und Gesellschaft. Frankfurt am Main.

Merriman, P. (2004): Driving Places. Marc Augé, Non-places, and the Geographies of England's M1 Motorway. In: Theory, Culture & Society 1 (4/5): 145–167.

Meusberger, P.; Heffernan, M.; Wunder, E. (2011): Cultural Memories. An Introduction. In: Meusberger, P.; Heffernan, M.; Wunder, E. (Hg.) Cultural Memories. The Geographical Point of View. Heidelberg, 3–14.

Muzaini, H. (2014): On the matter of forgetting and ‚memory returns'. In: Transactions of the Institute of British Geographers 40 (1): 102–112.

Noack, J. (2010): Erik H. Erikson: Identität und Lebenszyklus. In: Jörissen, J., B.; Zirfas (Hg.) Schlüsselwerke der Identitätsforschung. Wiesbaden, 37–53.

Nora, P. (1990): Zwischen Geschichte und Gedächtnis. Berlin.

Pfaffenbach, C. (2007): Methoden qualitativer Feldforschung in der Geographie. In: Gebhardt, H.; Glaser, R.; Radtke, U.; Reuber, P. (Hg.) Geographie. Physische Geographie und Humangeographie. München, 157–164.

Popescu, C. (2006): Space, Time, Identity. In: National Identities 8 (3): 189–206.

Porsché, Y. (2008): Kulturelle Identitäten in Zwischenräumen: Migration als Chance für Fremdverstehen und kritische Identitätsaushandlung? Nummer 52 in COMCAD Arbeitspapiere. Bielefeld.

Pott, A. (2007): Identität und Raum. Perspektiven nach dem Cultural Turn. In: Berndt, C.; Pütz, R. (Hg.) Kulturelle Geographien. Zur Beschäftigung mit Raum und Ort nach dem Cultural Turn. Bielefeld, 27–52.

Rastas, A. (2013): Ethnic Identities and Transnational Subjectivities. In: Spickard, P. (Hg.) Multiple Identities. Migrants, Ethnicity, and Membership. Bloomington, 41–60.

Renn, J. (2010): Reflexive Moderne und ambivalente Existenzialität. Anthony Giddens als Identitätstheoretiker. In: Jörissen, B.; Zirfas, J. (Hg.) Schlüsselwerke der Identitätsforschung. Wiesbaden, 203–222.

Reuber, P.; Pfaffenbach, C. (2005): Methoden der empirischen Humangeographie. Braunschweig.

Ricker, K. (2003): Migration, Biographie, Identität – Der biographische Ansatz in der Migrationsforschung. In: Badawia, T.; Hamburger, F.; Hummrich, M. (Hg.) Wider die Ethnisierung einer Generation. Beiträge zur qualitativen Migrationsforschung. Frankfurt am Main, 53–65.

Saar, M. (2002): Wem gehört das kollektive Gedächtnis? Ein sozialphilosophischer Ausblick auf Kultur, Multikulturalismus und Erinnerung. In: Echterhoff, G.; Saar, M. (Hg.) Kontexte und Kulturen des Erinnerns. Maurice Halbwachs und das Paradigma des kollektiven Gedächtnisses. Konstanz, 267–278.

Schäfer, P. (2015): Das Flüchtlingswohnheim. Raumcharakter und Raumpraxis in der Gemeinschaftsunterkunft. Nummer 7 in sinnprovinz. kultursoziologische workingpapers. Leipzig.

Sharma, B. (2009): Baring Life and Lifestyle in the Non-Place. In: Cultural Studies 23 (1): 129–148.

Shirin (2016): Interview vom 29.08.2016.

Silkenbeumer, M.; Wernet, A. (2010): Biographische Identität und Objektive Hermeneutik: methodologische Überlegungen zum narrativen Interview. In: Griese, B. (Hg.) Subjekt – Identität – Person? Reflexionen zur Biographieforschung. Wiesbaden, 171–196.

Spickard, T. (2013): Many Multiplicities: Identity in an Age of Movement. In: Spickard, P. (Hg.) Multiple Identities. Migrants, Ethnicity, and Membership. Bloomington, 3–40.

Strüver, A. (2003): „Das duale System": Wer bin ich – und wenn ja, wie viele? Identitätskonstruktionen aus feministisch-poststrukturalistscher Perspektive. In: Gebhardt, H.; Reuber, P.; Wolkersdorfer, G. (Hg.) Kulturgeographie. Aktuelle Ansätze und Entwicklungen. Heidelberg, Berlin, 113–128.

Taufiq (2016): Interview vom 13.08.2016.

Teo, P. L.; Chiu, M. Y.-L. (2016): An ecological study of families in transitional housing – ‚housed but not home'. In: Housing Studies 2015: 1–18.

Till, K. E.; Kuusisto-Arponen, A.-K. (2015): Towards Responsible Geographies of Memory: Complexities of Place and the Ethics of Remembering. In: Erdkunde 69 (4): 291–306.

Trauner, F. (2016): Asylum policy: the EU's ‚crises' and the looming policy regime failure. In: Journal of European Integration 38 (3): 311–325.

Urry, J.; Elliott, A.; Radford, D.; Pitt, N. (2016): Globalisations utopia? on airport atmospherics. In: Emotions, Space and Society 19 (1): 13–20.

Welzer, H. (2008): Das kommunikative Gedächtnis. Eine Theorie der Erinnerung. 2. Auflage. München.

A Interviewleitfaden

1. Tell me about your homecountry and your hometown and your life there. What did you do there? At work? In your freetime?
2. Which places were most important for you to feel at home? Why/why not? Please tell me about them.
   Where did you go most? Why/Why not? What did you do at these places?
3. Can you tell me something about your flight to Germany? Where did you go?
   Where did you sleep?
   What was most impressing for you?
   Was it possible to feel at home during your flight? Why/why not?
4. What were your first impressions when you reached Germany?
5. How do you feel where you life now? Do you feel at home? Why/why not? Tell me about the places you like/don't like in the camp/city.
6. What could be done to feel at home? Is it even possible for you to feel at home in Germany? Why/why not? How?
   Could you imagine that Bochum or Germany could be a place that feels like home? Why?/Why not?

B Codierleitfaden

- Heimatkonzeptionen
- Räumliches Heimatnarrativ vor der Flucht
  - Narrativ national
  - Narrativ regional (Stadt)
  - Narrativ lokal (Nachbarschaft/Wohnung)
- Zeitliches Heimnarrativ vor der Flucht
  - Dezidiert historisch
  - Lebensgeschichtlich
  - Alltagsnarrativ
- Narrativ der Flucht
  - Narrativ des Lebens in Sammelunterkünften Privatsphäre in Sammelunterkünften
  - Autonomie in Sammelunterkünften
  - Strategien im Umgang mit der Warteleistung in Sammelunterkünften
  - Ortsübergänge in Sammelunterkünften
  - Narrativ des Verlassens
- Räumliches Narrativ der neuen Heimat
  - Narrativ national
  - Narrativ regional (Stadt)
  - Narrativ lokal (Nachbarschaft/ Wohnung)
- Zeitliches Heimnarrativ der neuen Heimat
  - Dezidiert historisch
  - Lebensgeschichtliches Alltagsnarrativ

Zeitfracht Medien GmbH
Ferdinand-Jühlke-Straße 7
99095 Erfurt, Deutschland
produktsicherheit@kolibri360.de